互联网金融知识系列丛书

全球视野下
中国金融科技应用与发展

中国互联网金融协会金融科技发展与研究专委会　著
瞭望智库

中国金融出版社

责任编辑：黄海清
责任校对：潘　洁
责任印制：丁淮宾

图书在版编目（CIP）数据

全球视野下中国金融科技应用与发展／中国互联网金融协会金融科技发展与研究专委会、瞭望智库著．—北京：中国金融出版社，2020.6
ISBN 978 - 7 - 5220 - 0243 - 9

Ⅰ.①全…　Ⅱ.①中…　Ⅲ.①金融—科技发展—研究—中国
Ⅳ.①F832

中国版本图书馆 CIP 数据核字（2019）第 190673 号

全球视野下中国金融科技应用与发展
QUANQIU SHIYE XIA ZHONGGUO JINRONG KEJI YINGYONG YU FAZHAN

出版
发行　**中国金融出版社**

社址　北京市丰台区益泽路 2 号
市场开发部　（010）63266347，63805472，63439533（传真）
网 上 书 店　http：//www.chinafph.com
　　　　　　（010）63286832，63365686（传真）
读者服务部　（010）66070833，62568380
邮编　100071
经销　新华书店
印刷　北京市松源印刷有限公司
尺寸　169 毫米×239 毫米
印张　12.5
字数　174 千
版次　2020 年 6 月第 1 版
印次　2020 年 6 月第 1 次印刷
定价　45.00 元
ISBN 978 - 7 - 5220 - 0243 - 9
如出现印装错误本社负责调换　联系电话(010)63263947

课题主要参与者

🔲 **指导委员会**

主 任 委 员：李东荣

副主任委员：李礼辉

委　　　员：初本德　陆书春　夏　宇　杨　农　朱　勇　程晓阳
何红滢　黄益平　郭为民　杜　宁　汤耀国　李　倩
易　琮　周国林　陆建模

🔲 **课题组负责人**

肖　翔　聂　欧　刘绪光

🔲 **课题组成员**

周钰博　李　根　靳亚茹　丁洋洋　杨海盟　吕钰涛　王　平
战天舒　张国栋　吴　丹　王丽娟　王亭亭　刘秋娜　李宝阳
刘　江　彭　博　胡一鸣

🔲 **撰写支持机构**

互联网金融标准研究院、金融壹账通加马人工智能研究院

🔲 **调研与案例支持机构**（以案例出现先后为序）

招商银行股份有限公司、北京旷视科技有限公司、宜信惠民投资管理（北京）有限公司、深圳壹账通智能科技有限公司、度小满科技（北京）有限公司、北京贝壳时代网络科技有限公司、第四范式（北京）技术有限公司、中信银行股份有限公司、中国民生银行股份有限公司、中国邮政储蓄银行股份有限公司、京东数字科技控股有限公司、浙江蚂蚁小微金融服务集团有限公司、深圳前海微众银行股份有限公司、上海票据交易所股份有限公司、中国银联股份有限公司、上海保险交易所股份有限公司、中国银行股份有限公司、兴业银行股份有限公司、中国光大银行股份有限公司、中国工商银行股份有限公司、中国银河证券股份有限公司、天弘基金管理有限公司、太平人寿保险有限公司、浙江网商银行股份有限公司、同盾科技有限公司、深圳市腾讯计算机系统有限公司

金融科技是现代金融体系建设的关键驱动力量

当今世界正迎来一场更大范围、更深层次的科技革命和产业变革，数字化浪潮蓬勃兴起，人工智能、区块链、大数据、云计算等新一代信息技术不断突破应用，金融与科技融合程度更加紧密，互动态势更加明显，金融科技作为数字化时代科技驱动的金融创新，日益成为各国各地区金融竞争和金融资源布局的焦点领域。党的十九届四中全会明确提出，要健全具有高度适应性、竞争力、普惠性的现代金融体系。这为当前及今后一段时期我们做好金融科技工作指明了方向，提出了要求。

一是以服务实体经济为导向，着力提升金融供给适应性。服务实体经济是金融的天职和宗旨，也是发展金融科技的出发点和落脚点。2019 年 12 月召开的中央经济工作会议提出，我国经济稳中向好、长期向好的基本趋势没有改变，但同时也指出，我国正处在转变发展方式、优化经济结构、转换增长动力的攻关期，结构性、体制性、周期性问题相互交织，"三期叠加"影响持续深化，经济下行压力加大。面对复杂多变的经济发展形势，应充分发挥金融科技在资源配置精准化、服务渠道全时化、业务流程自动化、风险管理智能化等方面的优势，切实改进在先进制造、新兴产业、数字经济、民生建设、民营和中小微企业等重点领域的金融服务短板，积极落实大银行服务重心下沉、中小银行聚焦主责主业、农村信用社改革深化、保险公司回归保障功能等政策要求，有效增强金融供给对实体经济多层次需求的适应性和灵活性。

二是完善金融科技产业生态，着力增强金融系统竞争力。金融科技作为金融与科技深度融合的产物，已成为数字化时代全球金融创新和金融竞争的制高点。当前，中国金融科技在市场规模、应用创新等方面处于全球前列，但同时也面临着基础研究和原始创新相对不足、核心技术特别是底层技术研发存在短板、领军型专家和复合型人才较为短缺、全链条专业配套服务有待加强等现实挑战。鉴于此，应加强财政、金融、社会资本等多层次资源投入，积极支持高校、科研院所、金融机构等联合建立金融科技实验室，加强人工智能、区块链、5G等金融应用基础研究，抓紧建设安全可控的金融科技公共服务平台和开源社区，建立完善产学研有机协同的金融科技人才培养认证体系，着力培育法律咨询、知识产权、风险投资、创业孵化等专业配套服务体系。同时，按照国家进一步扩大金融业对外开放的部署安排，积极加强金融科技领域人才、技术、标准、知识产权等方面的国际双向交流和资源对接。通过多措并举、多管齐下，加快建立一个有活力、更规范、可持续、国际化的金融科技产业生态体系，为增强金融系统竞争力提供全方位支撑。

三是充分发挥科技驱动优势，着力加强金融服务普惠性。国内外实践表明，发展金融科技的重点在普惠金融，难点也在普惠金融。近年来，我国在依托金融科技手段、发展数字普惠金融方面取得了较好成效，形成了一些典型模式。比如，在传统征信数据不充分的情况下，运用税务、社保、交易、供应链等方面的替代性数据，打通小微客户首次获得贷款的"最先一公里"；依托智能移动终端以及近场通信、生物识别等技术，为客户提供便捷、随身的移动支付服务，打通基础金融服务的"最后一公里"。当前，我国普惠金融发展已进入攻坚期和深水区，金融科技在普惠金融领域的应用重点应从扩面、增量向提质、降本转变，更加体现以人民为中心的发展思想，更加倡导负责任创新、商业可持续等共识原则，更加注重普惠金融客户的金融素养和数字能力建设。

四是积极建设监管科技体系，着力推进金融治理现代化。金融科技是一把双刃剑，在增强现代金融体系适应性、竞争力和普惠性的同时，也会使金融业务边界变得模糊、金融风险传导更加迅速、金融风险结构更趋复杂，从而给金融安全和金融治理带来新的挑战。因此，有必要按照国家金融治理体系和治理能力现代化的要求，与时俱进地发展监管科技，用科技武装金融监管，不断提升金融监管的实时性、精准性和穿透性。同时，注重监管科技与监管制度双轮驱动、两翼齐飞，在改进传统金融监管模式的基础上，重点推进宏观审慎管理、功能监管、行为监管等领域制度建设，切实强化监管红线和底线的刚性约束力，防止出现"破窗效应"，为更广范围、更深程度地应用监管科技奠定制度基础。

建设现代金融体系是一项复杂的系统工程，金融科技在其中大有可为。为此，中国互联网金融协会金融科技发展与研究专委会和新华社瞭望智库组成联合课题组，紧跟金融与科技融合发展的时代脉搏，从全球视野和前瞻视角对人工智能、区块链、大数据、云计算等金融科技关键技术的应用情况、风险挑战、发展趋势进行深入剖析，并针对性提出政策建议。该书观点明确、逻辑严谨、资料详实、案例丰富，是一部兼具理论性、知识性和专业性的好书，相信会给广大读者和从业者带来启发和助益。

是为序。

中国互联网金融协会会长 李東榮

前言 FOREWORDS

当前，全球正迎来新一轮科技革命和产业变革，信息化浪潮蓬勃兴起，驱动着包括金融业在内的经济社会各领域加速向数字化、网络化、智能化的更高阶段发展。从中国情况看，中国特色社会主义进入新时代，社会主要矛盾发生转化，经济发展阶段已转变，这对金融服务实体经济、防控金融风险、深化金融改革提出了更高的任务要求。在中国人民银行发布的《金融科技（FinTech）发展规划（2019—2021 年）》的统筹指引下，人工智能（Artificial Intelligence）、区块链（Blockchain）、云计算（Cloud Computing）、大数据（Big Data）等网络信息技术（也被业界统称为 AB-CD）在金融领域的应用日益深化，金融科技作为金融与科技深度融合的产物，正按照"守正创新、安全可控、普惠民生、开放共赢"的原则稳步发展，为经济金融发展注入了新活力，为解决金融发展不平衡不充分问题提供了新手段。但同时也应该看到，金融科技的发展尚处于不断探索和逐步成熟的过程中，其在业务、技术、网络、数据等方面存在一些风险和安全挑战，需要业界清醒认识，高度重视。

鉴于此，本书立足于金融科技的金融本质，聚焦人工智能、区块链、云计算、大数据等网络信息技术，从金融科技的驱动技术、应用场景、风险与监管三个层次依次铺排，力求系统、全面、客观地梳理总结我国金融科技的发展脉络与最新情况，并对标国际监管趋势与国内典型案例，分析各关键驱动技术应用和发展中存在的问题，评估潜在价值与风险，提出具有操作性的政策建议。

基于目前的观察与调研，本书主要结论如下。

第一，金融科技的驱动技术与演进路径集中反映了金融业对数据处理规模与能力的不懈追求。金融业逐渐发展为数据密集型行业，与科技加速融合发展是大势所趋，二者融合呈现并行向上、共同演进的双螺旋轨迹。目前金融科技关注的关键驱动技术主要包括人工智能、区块链、云计算、大数据等。这些技术均与数据有着紧密的关联关系，能够从规模、速度和准度三个维度提升数据处理能力，驱动金融向降低成本、提升效率和改善质量的目标持续发展。驱动技术分别作用于数据生存周期不同阶段，有助于综合提升金融的数据处理能力。不同金融业务场景下，对数据规模、处理速度和分析准度的要求不同，与驱动技术的自身发展水平共同决定了技术对金融场景的适配性。驱动技术的发展及其在金融领域的应用旨在依法合规前提下实现数据价值最大化。基于配合协同的互动关系，多项驱动技术的组合共同促进数据处理能力的提升。金融业务场景对数据处理能力与金融专业技能的要求不同，因此产生"金融＋科技"和"科技＋金融"两类金融科技发展路径。随着两类发展路径的深化，金融机构与互联网科技公司的合作愈加广泛，在金融科技发展演进过程中金融与科技的边界逐步模糊。一方面，网络信息技术在金融领域的应用向更深、更广的方向发展；另一方面，金融机构与互联网科技公司的竞合关系不断变化，对金融功能的实现、金融风险与金融监管可能产生一定影响。

第二，人工智能技术在金融领域稳步应用。人工智能技术的主要理念是赋予机器进行自主思考或行动的能力，主要特点是依托数据、算力和算法实现智能，算法是其技术重点。在数据、算力、算法的发展支撑下，人工智能的作用趋强、应用广泛，可应用于金融、制造、安防、教育、社会治理等行业和领域，优化观测预警、沟通交流、分析决策、流程自动化等功能。发展人工智能已被提升到我国国家战略层面，具有广阔市场前景并取得一定成果。我国人工智能领域在企业数量、投融资额、专利数量等方面居国际前列。此外，国际国内正有序推进人工智能标准化进程。在金融领域，人工智能技术应用已渗透到多个主要业态，引起金融行业的普遍关注。其中，在风险控制、投资顾问和客户服务等场景的应用较多，计算机视觉、智能语音、自然语言处理等技术的应用发展相对较为成熟。同时，人工智能技术应用可能产生技术安全风险、隐私泄露风险、责任主体难以认定、放大市场顺周期性、监管套利等风险，面临数据共享交流整合不足、技术成熟度不足、人才储备不足等挑战。展望人工智能技术在金融领域的应用，监管政策和行业标准将逐步完善，实践应用有望逐步深化，并在发展监管科技方面呈现出较大潜力。

第三，区块链技术在金融领域的应用逐步拓展。区块链技术的主要理念是建立分布式共享账本，具有分布式、难以篡改、可追溯、开放性、算法式信任等主要特点，能够实现权益确立、交易溯源、隐私保护、自动执行等关键功能，目前技术本身正处在加速演进成熟过程中，总体发展态势向好。我国区块链产业发展的政策环境良好、创业热情较高、技术实力较强。国际国内标准化工作已取得部分成果。在金融领域，国际上正积极稳妥探索区块链技术的应用场景，我国金融领域中的部分概念验证应用已催生一定规模的商用产品，并在供应链金融、跨境支付、资产证券化、证券结算、保险等场景中形成了一些落地案例。区块链技术在金融领域的应用潜力可期，但仍存在安全稳定性问题和隐私泄露、责任主体难认定、合规等方面的风险，面临底层技术有待发展成熟、技术依赖问题需要更加重视、缺乏统一的金融领域应用标准等挑战。展望区块链在金融领域的应用，随着技术进一步发展成熟，其在金融领域的应用价值将得到进一步体现，与云计算、人工智能等技术融合互补的潜力进一步提升，逐步向着多中心的强信任体系发展，并更加注重对金融消费者的隐私保护。

第四，云计算技术在金融领域布局趋向合理。云计算技术的主要理念是资源共享与弹性调配，主要特点是物理资源池化。云计算技术应用场景不断拓展、产品服务持续丰富，产业已从概念导入进入广泛普及、应用活跃的新阶段。国际国内相关标准化体系框架已初步建立。在金融领域，云计算技术应用正稳步推进，我国传统金融机构积极应用私有云、行业云，金融科技公司普遍使用公有云支持业务发展，典型应用场景包括IT运营管理、底层平台开放、客户端行情查询、交易量峰值分配、个性化定价、网络安全管理、网络支付等，容器、高性能计算、微服务、开发和运维（DevOps）等技术的应用发展相对成熟。同时，云计算技术应用也可能产生技术安全、权责难以界定、服务中断、服务滥用等风险，面临稳定性和可靠性有待进一步验证、IT系统升级改造及云服务选型困难、监管规定与标准规则有待完善等挑战。展望云计算技术在金融领域的应用，一方面其应用广度和深度将进一步提升，另一方面各类领先金融机构和金融科技公司将加大云计算投入并赋能中小金融机构。

第五，大数据技术在金融领域的应用广泛且深入。大数据技术的主要理念是充分挖掘海量数据价值，主要特点是对采集到的全量数据进行分析，以更好更快地支持决策。目前，大数据技术在金融、政务、电商等领域的应用效果较好，正在向企业核心业务拓展。在政策鼓励和资本支持下，我国大数据产业的市场规模持续增长。国际国内相关标准化体系已初具规模。在金融领域，大数据技术应用场景较为广泛，主要包括反欺诈、风险管理、投研投顾、评分定价、金融监管等，大数据处理和分析技术的应用发展普遍较快。同时，大数据技术应用也可能产生数据垄断、数据安全、隐私泄露等风险，面临顶层设计和统筹协调有待进一步加强、数据管理制度有待进一步健全、监管规则与技术标准有待进一步完善、数据孤岛现象有待进一步缓解、沉淀数据仍需开发等挑战。展望大数据技术在金融领域的应用，金融大数据治理重要性和必要性日益突出，大数据技术逐步成为金融领域关键竞争力，大数据技术在金融领域的应用也将加速深化。

基于上述观察与分析，提出如下政策建议。

一是人工智能技术在金融领域应用的建议：研究探索智能投顾、智能风控、智能量化交易等领域的业务规则，并加强合作外包、数据治理等方面的技术监管，实现监管无死角、风险全覆盖。结合金融领域实际情况，加快完善隐私保护手段，引导金融机构对数据的规范应用。可考虑要求相关从业机构将人工智能模型的主要参数以及相关金融业务的主要逻辑等重要信息报备监管部门，强化留痕管理。鼓励金融机构研究建立合理的自动中断机制，可研究人工干预的介入条件和有效途径。可充分发挥行业协会及产业联盟在研发标准、搭建沟通桥梁、促进专业人才队伍建设等方面的作用，并考虑在国家人工智能标准体系框架下，逐步建立健全智能金融领域产品服务、行业管理、安全保障等方面的标准规范。

二是区块链技术在金融领域应用的建议：政策监管层面，坚持"凡是金融活动都应纳入监管"的原则，严格落实国家互联网信息办公室《区块链信息服务管理规定》等相关监管规定，充分利用包括区块链技术在内的监管科技加强监管能力建设，持续重拳打击有违技术发展规律和损害金融秩序的不法行为和乱象。行业组织层面，搭建汇聚政产学研用各界资源的有效平台，开展热点难点问题研究，推动完善区块链技术在金融领域应用的基础术语、安全规范等标准规范，聚焦场景痛点探索建立满足信息跨链共享、存证权威可信等行业需求的信息基础设施，同时，切实加强公众教育，不断强化公众风险意识和自我保护观念。从业机构层面，深入研究区块链应用及底层技术，合理建立激励机制和商业模型，做好产品技术验证和项目推广，在依法合规前提下探索推动区块链技术在金融领域应用的商业落地，持续提升风险防范的意识和能力，做到风险管控安排与产品服务创新同步规划、同步实施。

三是云计算技术在金融领域应用的建议：监管部门可研究推动出台监管细则，引导金融机构安全合规应用云计算技术，并根据应用程度制定差异化监管规定。在监管部门指导下，由相关行业协会和产业联盟研究推广典型云计算应用模式示范，并为金融机构与互联网科技公司搭建合作交流平台。深入实施《云计算技术金融应用规范 技术架构》《云计算技术金融应用规范 安全技术要求》《云计算技术金融应用规范 容灾》等金融行业标准，并通过检测认证、能力成熟度评价等手段强化标准落地。同时，在监管规则和行业标准尚需明确的领域，充分依托行业协会、产业联盟整合资源的优势，研制实施适应性强、灵活性高的团体标准，为监管规则和法律规范探路。

四是大数据技术在金融领域应用的建议：统筹考虑政策、监管、法律等因素，做好金融大数据的顶层设计和统筹协调，综合运用制度、标准、技术等手段，实现金融数据的遴选、采集和集中整合，夯实行业数据基础设施建设。严格执行已出台的《网络安全法》《银行业金融机构数据治理指引》等制度规范，结合金融行业实际情况，加快研究完善个人信息保护、数据共享安全、跨境数据传输安全、大数据基础平台安全等领域的标准规则，明确各类数据的保护等级和对应措施。研究制定金融领域大数据安全和个人信息保护参考框架，持续完善重点信息保护标准规范，并根据数据的不同安全级别建立相应的保障机制。在依法加强安全保障和隐私保护的前提下，明确各金融机构数据共享的范围边界和使用方式，稳步推动数据资源开放和共享。可充分发挥行业自律作用，通过政策宣贯、标准研制等多种途径，配合监管部门形成合力，打破数据孤岛，促进数据共享。

五是金融科技监管的国际趋势与政策启示：（1）倡导正确理念，服务实体经济。注重运用网络信息技术，促进金融提质增效，更好地服务实体经济、防控金融风险、深化金融改革。（2）加强风险防范，完善多元治理。应建立完善法律约束、行政监管、行业自律、机构内控、社会监督"五位一体"的金融科技治理体系。（3）坚持技术中立，强化功能监管。应遵循一致性原则和穿透性原则，强化金融科技的功能监管，加强风险突出领域的治理。（4）关注技术发展，善用监管科技。做好新兴技术的前瞻研究，加快发展和有效运用监管科技。（5）优化管理机制，促进合规创新。参考借鉴监管沙箱等新理念、新工具，在做好金融消费者权益保护和维护金融稳定的前提下，研究建立能够试错、容错、查错、纠错的包容性创新管理机制，给真正有价值的金融科技创新留有弹性空间。（6）强化行业自律，推进标准建设。强化金融科技领域行业自律，促进监管和自律有机协调配合，促进金融科技创新与风险监管的动态平衡。

目 录 ≫ ≫ ≫　　　CONTENTS

引　言

第一节　研究目的和意义

当前，全球正迎来新一轮科技革命和产业变革，信息化浪潮蓬勃兴起，驱动着包括金融业在内的经济社会各领域加速向数字化、网络化、智能化的更高阶段发展。从中国情况看，中国特色社会主义进入新时代，社会主要矛盾发生转化，经济发展阶段已经转变。党的十九大提出，建设现代化经济体系是我国发展的战略目标，要着力加快建设实体经济、科技创新、现代金融、人力资源协同发展的产业体系。2017 年全国金融工作会议提出，金融要把为实体经济服务作为出发点和落脚点。2019 年 2 月，习近平总书记在中共中央政治局等十三次集体学习时发表重要讲话，深刻阐明金融与经济的关系，并就深化金融供给侧结构性改革，增强金融服务实体经济能力，防范化解金融风险，推进金融改革开放等提出了明确要求，为推动我国金融企业高质量发展提供了重要遵循。

在这样一个时代背景下，人工智能（Artificial Intelligence）、区块链（Blockchain）、云计算（Cloud Computing）、大数据（Big Data）等网络信息技术（也被业界统称为 ABCD）在金融领域的应用日益深化。金融科技作为金融与科技深度融合的产物，为经济金融发展注入了新活力，为解决金融发展不平衡、不充分问题提供了新手段。2016 年 5 月，党中央、国务院印发了《国家创新驱动发展战略纲要》，将创新驱动发展提到了国家重大发展战略的地位。近年来，我国科技发展水平不断提升，网络信息技术产业规模增长迅速、标准化进程持续推进，人工智能和区块链技术的国际专利数量已居世界前列。在金融领域，对人工智能、区块链、云计算、大数据等网络信息技术的探索应用不断拓展深入，催生出新产品、新业态、新模式等各类金融科技创新，金融供给与需求、金融功能实现方式正在发生变化。

当前，金融科技的发展尚处于不断探索和逐步成熟的过程中，既给现代金融体系建设带来了新活力和新动能，也在业务、技术、网络、数据等方面面临一些风险隐患和安全挑战，需要业界清醒认识、高度重视。从正向影响看，通过多元化金融科技主体的有效竞争，有助于形成稳定的商业模式，促进健全多层次现代金融体系；金融科技有助于提高金融服务的可获得性，将更多小微经济主体纳入经济金融活动，促进普惠金融发展；大数据、人工智能等技术的运用，有助于降低信息不对称，提高风险定价和风险管理能力等。从负向影响看，金融科技在提供跨市场、跨机构、跨地域的金融服务时，会使金融风险的传染性更强、波及面更广；金融科技推动了金融服务和基础设施的线上化、开放化，同时也使技术依赖风险和网络安全风险进一步积聚；金融科技服务众多风险识别和承受能力弱的长尾客户，更容易产生"羊群效应"，放大金融顺周期性；金融科技主体依托网络效应和规模效应，更容易导致跨界混业经营，可能产生不正当竞争和系统性风险等问题。

落实好服从服务于经济社会发展的重要原则，金融业需顺应信息化时代要求和经济社会发展趋势，在战略上积极拥抱金融科技，在行动上审慎稳妥推进技术创新应用。金融机构应科学制定和实施技术创新应用的时间表、路线图、任务书，有计划、有步骤、有重点地推进金融科技发展。金融监管需及时应对金融科技的快速变化，未雨绸缪、趋利避害，构建中国特色的金融科技治理框架，探索既能促进金融科技发展又能有效防范金融风险，兼具容错试错和弹性调整能力的监管模式。

鉴于此，本书立足于金融科技的金融本质，聚焦人工智能、区块链、云计算、大数据等网络信息技术，从金融科技的关键驱动技术、应用场景、风险与监管三个层次依次铺排，力求系统、全面、客观地梳理总结我国金融科技发展的脉络与近况，并对标国际发展趋势与国内典型案例，分析各关键驱动技术在发展和应用中存在的问题，评估其在金融领域应用的潜在价值与风险，提供具有操作性的政策建议，具有重要的创新意义和实际应用价值。

第二节　研究对象和范围

本书在分析金融科技发展总体情况的基础上，突出问题导向和目标导向，注重研究的政策性和实用性，明确主要研究对象和研究范围。

一、金融科技的概念界定

"金融科技"一词来自英文合成词"FinTech"的直译，是科技驱动的金融创新，能创造新的业务模式、应用、流程或产品，从而对金融市场、金融机构或者金融服务的提供方式产生重大影响①。与之相联系的概念是互联网金融。互联网金融一词是在我国大力推进"互联网＋"行动计划的政策背景下形成的概念，具有鲜明的中国特色。根据《关于促进互联网金融健康发展的指导意见》，互联网金融是传统金融机构与互联网企业利用互联网技术和信息通信技术实现资金融通、支付、投资和信息中介服务的新型金融业务模式。

从上述概念可看出，金融科技与互联网金融在同一概念谱系下各有侧重，二者都是围绕科技驱动的金融创新这一核心要义而形成的综合性概念，主要从参与机构、驱动技术和业务模式三个角度进行界定。其中，参与机构既包括通过科技创新推动金融服务转型升级的传统金融机构，也包括运用网络信息技术跨界开展金融业务的互联网企业，还包括为金融机构提供技术外包和配套服务的科技公司；当前的关键驱动技术主要指网络信息技术，包括人工智能、区块链、云计算、大数据等；业务模式涉及资金融通、支付、投资、保险等金融活动，主要包括互联网支付、网络借贷、互联网股权融资、互联网直销银行、互联网消费金融、互联网保险、互联网基金销售等。

---

① FSB. FinTech：Describing the Landscape and a Framework for Analysis，2016.3.

二、研究对象聚焦金融科技的关键驱动技术

为多角度观察金融科技发展情况，本书以技术为切入点，按照"以点带面、以小见大，技术中立、一以贯之"的基本思路，对人工智能、区块链、云计算、大数据等为代表的关键驱动技术进行系统分析和重点梳理。

三、研究范围涵盖关键驱动技术在金融领域的应用实践

各关键驱动技术在金融领域的深度应用，催生出金融科技领域各类新产品、新业态、新模式。本书拟通过调研人工智能、区块链、云计算、大数据等关键驱动技术在金融领域应用的类型特点和具体场景，尝试归纳总结出金融与科技融合发展的规律，综合运用数据、案例等方式，总结各关键驱动技术在金融领域应用的作用效果、风险挑战和未来展望，并提出针对性政策建议。

第三节　技术路线和内容安排

根据技术路线（见图 0-1），本书的主要内容安排如下：

引言部分主要内容包括：研究目的和意义；研究对象和范围；技术路线和内容安排。

第一章是基于数据视角的金融科技关键驱动技术与发展路径分析框架，主要内容包括：在国内外前沿研究成果的基础上，提出了一个基于数据生存周期的金融科技分析框架，提炼关键驱动技术与金融业务场景结合的逻辑，对金融科技的关键驱动技术及其相互关系作出定性归纳，从数据视角总结关键驱动技术在金融领域应用的路径，并系统分析其应用对金融体系的潜在影响。

第二、第三、第四、第五章是金融科技的各关键驱动技术探讨与调研案例分析，主要内容包括：在材料研究与典型调研的基础上，全面描述以人工智能、区块链、云计算、大数据等关键驱动技术在金融领域应用的情况，特别是在我国金融领域应用的现状，详细探讨金融科技典型应用场

景，深入剖析存在的风险、挑战以及发展趋势。

第六章是金融科技监管的国际趋势与政策启示，主要内容包括：总结国际金融监管的最新趋势和经验，结合我国金融科技发展与金融监管的现状，并提出趋利避害、规范引导行业健康有序发展的政策建议。

附录部分主要内容包括：基于英国财政部、英国金融行为监管局、美国财政部、金融稳定理事会、国际货币基金组织、世界银行和欧盟委员会等国外政府部门和国际组织发布的政策文件、指导意见和研究成果，分析总结国际上发展金融科技的趋势与经验。

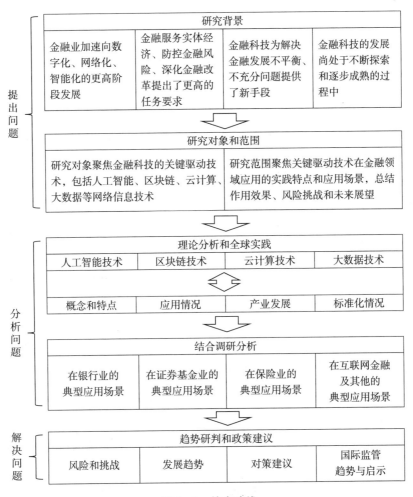

图 0-1 技术路线

第一章 基于数据视角的金融科技分析框架研究

第一节 金融科技应用与发展历史回顾

数据自古便受到金融行业的重视，并逐步成为金融运行的基础。在明朝，山西票号开展汇兑存放款等金融业务时，便已注重通过收集分析数据，预测市场动向，从而确定资金计划，借助水印、笔迹等密押制度识别汇票造假来确保数据传递的真实性、准确性。随着现代社会进入信息化时代，数据已成为国家基础性战略资源，对经济运行机制、社会生活方式乃至国家治理能力都产生重要影响。金融机构对数据的采集、传输、存储、分析等一系列处理操作已成为提供金融产品和服务时的必要环节。当前，金融已成为科技驱动和数据密集型行业，对数据处理能力提升的需求也愈发强烈。

科技创新有助于提升数据处理能力，为金融发展提供重要支撑。科技创新有助于满足金融行业对提升数据处理能力的刚性需求，因而在很大程度上与金融发展存在契合性和依存性。历史上各重要金融业务发展的背后几乎都有科技创新的支撑。科技创新通过提升数据运算速度和改进数据加密等方式，有效促进了金融实现更高的效率、更低的成本和更安全的交易。比如，高速运算计算机的出现使得原本需要较长时间的数据运算可在最短数秒内完成，其在金融领域的应用极大地促进了基于衍生品定价和现代资产组合理论的证券交易发展。美国摩根大通银行在 1988 年开发了专门处理对公支付的 Infosev 系统，将交易的笔均费用从 35 ~ 50 美元大幅降至 4 美元左右。IC 信用卡应用加密集成电路实现了对信用卡内储存数据的多级加密保护，在数据存储和通信时较磁条信用卡更安全，也更难被仿制伪造。

信息化深入发展的时代背景下，金融与科技加速融合发展是大势所趋。从 20 世纪 80 年代中后期开始，得益于计算机和信息处理系统等科技创新，金融行业的数据处理能力出现大幅提升，数据处理不再依赖大量人力，处理数据的规模快速增长、速度迅速提升。随着现代网络信息技术的发展，我国金融业已先后经历了金融电子化、金融信息化的阶段，目前正朝着移动化、数字化和智能化的更高阶段发展，新技术在金融领域的应用不断提升数据处理能力，支撑金融持续产生服务创新、模式创新、业态创新等（见表 1 - 1）。

表 1 - 1　　金融科技发展的历史轨迹与依赖的网络信息技术

时间	创新内容	涉及业务	所用关键技术
20 世纪 60 年代初	磁条信用卡	零售业务	磁条技术
1968 年	自动清算中心（ACH）	批发业务	网络、微机
1969 年	ATM	零售业务	机电一体化技术
20 世纪 70 年代	POS 机	零售业务	点对点通信、局域网
20 世纪 70 年代	信用评分模型	零售业务	数据库技术
1970 年	清算同业支付系统（CHIPS）	批发业务	计算机网络
1973 年	IBM3890 等支票处理机	零售业务	磁记录字符识别
1977 年	环球同业金融电信网络（SWIFT 网络）系统	零售、批发	计算机网络系统
1978 年	自动转账服务（ATS）	零售业务	电话
20 世纪 80 年代	衍生产品	资本市场	高速运算计算机、远程通信
1982 年	家庭银行	零售业务	计算机、通信、安全控制
20 世纪 80 年代中期	企业银行	批发业务	计算机、通信、安全控制
1990 年	客户关系管理	小企业客户	数据库技术、专家系统
20 世纪 90 年代	网上银行	全方位	互联网、安全控制
2005 年	个体网络借贷	零售业务、小企业客户	互联网、云计算、大数据
2008 年	股权众筹	资本市场	互联网、云计算
2008 年	智能投顾	零售业务	互联网、云计算、人工智能
2012 年	区块链跨境汇款	零售业务	区块链

资料来源：自行整理。

金融与科技的融合发展呈现双螺旋演进轨迹，不断丰富金融服务内容，拓宽金融服务半径。金融稳定理事会（Financial Stability Board，FSB）指出①，金融科技发展的一般驱动因素包括消费者对于便捷、快速、低成本和友好体验的偏好，互联网、大数据、移动技术和算力相关科技的进步，以及监管要求、商业诱因的变化等。辨析各类驱动因素的具体作用，其中科技作为重要的"催化剂"，承载着不断突破创新可能性边界的重任，成为金融科技发展的重要条件。科技创新使交易成本和信息不对称逐渐降低，使得原来不可能的交易成为可能，金融交易可能性集合得到拓展。换言之，科技创新②影响了金融创新能达到的潜在水平，而需求、供给等因素的作用共同推动金融与科技加速融合，促进一系列潜在的金融创新变为现实。金融创新在触达边界的同时，又推动科技进一步创新，产生新的金融创新，从而呈现并行向上、共同演进的双螺旋轨迹（见图1－1）。

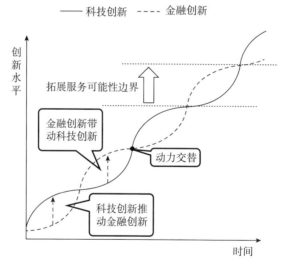

资料来源：自行绘制。

图1－1　金融科技的发展双螺旋演进规律

① FSB. Financial Stability Implications from FinTech，2017. 7.

② 需要指出的是，科技创新所包含的内容广泛，涵盖会计复式记账方法标准、期权合约要素与交易规范、信息技术及其应用等符号规则创新、制度安排创新和数据处理创新等。基于社会对金融科技的关注点与本书分析的出发点，书中对科技创新的讨论聚焦于网络信息技术等数据处理方面的创新。

第二节　金融科技应用与发展逻辑初探

金融科技的关键驱动技术与数据具有紧密的关联关系。从国际组织和各国政府对金融科技重点关注的内容来看，目前金融科技所关注的关键驱动技术主要包括云计算、大数据、人工智能和区块链等。从相关概念定义来看，各关键驱动技术均与数据紧密相关，其特点分别为：（1）人工智能通过赋予机器自主学习和运用知识的能力，可基于数据分析结果自主决策，辅助乃至替代人工决策，从而实现金融业务的高度自动化。（2）区块链通过分布式存储、具有时序性的链式数据结构和智能合约的设计，可实现防篡改、可追溯、可编程等功能，有助于提升金融业务数据可信度，能实现金融交易的自动执行。（3）云计算技术通过物理资源池化和分布式集群，为金融行业提供了可按需获取的数据运算、存储、传输等所需资源，能实现业务的弹性扩展与负载均衡。（4）大数据技术通过对非结构化数据的处理和新算法技术的应用，对数量巨大、来源分散、格式多样的数据进行关联分析，能综合刻画数据背后反映的关联关系，并可进一步用于预测金融业务的趋势和结果。

关键驱动技术主要从规模、速度和准度三个维度提升数据处理能力，驱动金融行业向降低成本、提升效率和改善质量的目标持续发展。降低交易成本、缓解信息不对称、促进资金融通等是金融中介产生的主要原因[①]。以长期发展的视角来看，不论短期盈利水平如何，巩固自身存在的必要性是金融中介不变的目标。借助金融科技降低服务成本、提升服务效率、改善服务质量，是巩固并扩大金融中介核心优势的具体实现方式（见图1-2）。网络信息技术有助于提升金融行业数据处理能力，如扩大数据处理规模、提升数据处理速度、优化数据处理准度，从而提高金融服务的可获得性，降低风险集中度，缓解信息不对称，提高风险定价和风险管理能力，强化金融中介功能。

---

① 格利，肖. Financial Aspects of Economic Development, American Economic Review, 1955.

米什金. Global Financial Instability：Framework, Events, Issues, Journal of Economic Perspectives, 1999.

戴蒙德. Financial Intermediation and Delegated Monitoring, Review of Economic Studies, 1984.

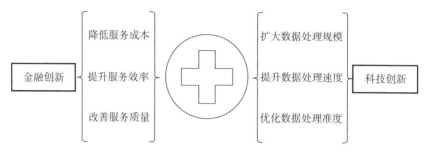

资料来源：自行绘制。

图 1－2　金融与科技融合的解释框架

关键驱动技术在数据生存周期的不同阶段发挥作用，有助于综合提升金融的数据处理能力。在"数据—信息—知识—智慧"生存周期模型（DIKW 模型）① 中，作为基础的数据经过关联性分析可形成一系列信息，诸多信息所反映出的同类数据关系进而被组合成不同的知识，又被人们用于指导生产生活的实践从而诞生出智慧（见图 1－3）。在 DIKW 模型中，与数据相关的活动分为五个阶段，分别是数据采集/传输、数据安全/存储、数据加工、数据分析、数据呈现/决策。

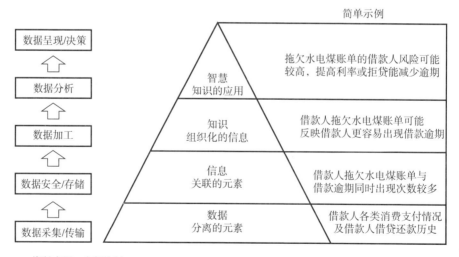

资料来源：自行绘制。

图 1－3　"数据—信息—知识—智慧"生存周期模型

---

① 艾可夫 . From Data to Wisdom，Journal of Applied Systems Analysis，1989.

金融科技作为科技驱动的金融创新，是人工智能、区块链、云计算、大数据等网络信息技术作用在金融领域的数据生存周期各个阶段，通过数据处理能力的提升，驱动金融行业产生的新特征、新业态和新模式。各项驱动技术因其不同的特点在数据生存周期的某个或某几个阶段发挥相应作用（见表1-2）。

表1-2 驱动技术在数据生存周期不同阶段的作用

技术 / 阶段	人工智能	区块链	云计算	大数据
数据采集/传输	—	—	提升采集数据的规模；提升采集数据的速度。	—
数据安全/存储	—	提升存储数据的准度（可信度）。	提升存储数据的规模。	—
数据加工	—	—	提升整理清洗数据的规模；提升整理清洗数据的速度。	提升整理清洗数据的规模；提升整理清洗数据的速度。
数据分析	提升分析数据的规模；提升分析数据的准度。	—	提升分析数据的规模；提升分析数据的速度。	提升分析数据的规模；提升分析数据的速度；提升分析数据的准度。
数据呈现/决策	提升数据决策的速度；提升数据决策的准度。	提升数据决策的速度；提升数据决策的准度。	提升数据决策的速度。	—

资料来源：自行整理。

不同金融业务场景对数据处理在规模、速度和准度等维度的要求，以及驱动技术的自身发展水平决定了技术对金融场景的适配性。人工智能、区块链、云计算、大数据等关键驱动技术因其特点和在数据生存周期不同阶段的作用，有针对性地缓解相应金融场景的痛点，从而与银行业、证券基金业、保险业、互联网金融和金融基础设施等领域中的部分场景实现深度融合匹配（见表1-3）。比如，云计算在电商购物小额支付场景中就具有较好的适配性（见图1-4）。同样地，一类技术之所以能应用于金融行业，往往是由于该类技术的特点较好地适配某金融业务场景的特征，在规模、速度和准度方面能够满足其对数据处理能力的不同要求。此外，在技术供给层面，产业发展、标准化工作均对技术研发突破和广泛应用具有正向作用，产业规模越大、标准化程度越高的技术往往也越成熟，可被广泛应用于金融领域的适配场景中。相反，产业规模较小、标准化工作刚起步的技术成熟度不足，技术稳定性可能较差，考虑到金融业务对安全稳定的较高要求，相关金融场景可能不适合采用此类成熟度不足的技术。

表 1-3　　　　　　　驱动技术与典型金融业务场景的结合

技术 ＼ 场景	金融场景	场景痛点	技术作用
人工智能	手机银行登录、交易时身份核验场景。	密码核验方式存在冒用的风险。	对面部、声纹、指纹等生物特征的识别，可快速判断决策使用者身份。
	银行理财产品电话销售场景。	人工服务质量水平无法保证一致，优质服务需雇用高素质客服人员并开展大量培训，时间、资金成本较高。	人工智能通过对语音语义的学习与分析，可较好地理解并回答客户疑问，面向不同客户的服务质量可保持一致，服务成本得到控制。
	投资顾问提供资产配置服务场景。	人工投顾水平不一，总人数不足，可能因个人违规操作导致道德风险。	智能投顾可自动生成个性化资产配置方案，将投顾服务平民化，消除主观性和道德风险的影响。
区块链	资产证券化的发行和交易场景。	业务链条长导致信息不透明、交易效率低。	通过多方共识降低增信环节的转移成本，提高交易透明度；通过智能合约，可自动实现跨多主体间的证券产品交易，提升发行效率。
	供应链融资场景。	为防止企业勾结篡改信息，信用评估环节需验证交易真实性，产生额外成本；银行难以监控供应商/经销商与核心企业的资金结算情况，易出现资金挪用和恶意违约等行为。	难以篡改的特点保证了交易真实性，解决银行对信息被篡改的顾虑；自动化特点可根据企业间资金结算情况，自动划转还款资金到银行。

续表

场景\技术	金融场景	场景痛点	技术作用
云计算	货币基金集中申购赎回交易场景。	交易量具有周期波动性,交易峰值可达低谷的几倍乃至十几倍。	提供弹性存储、网络与计算资源。
	网络购物小额支付场景。	促销活动期间业务量短时剧增。	提供弹性存储、网络与计算资源。
大数据	按使用计费(Usage Based Insurance,UBI)车险保费定价场景。	车险保费定价的"一刀切",易引起道德风险和逆向选择。	通过对车主驾驶行为的数据分析识别车主的驾驶风险,形成基于风险的定价。
	个人信贷审批场景。	普惠金融的重点服务人群缺少历史借贷记录和传统征信数据。	对消费习惯、网络足迹等数据的分析,可丰富个人信用水平的判断维度。

资料来源:自行整理。

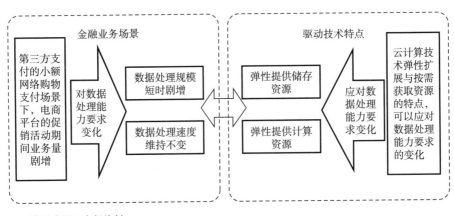

资料来源:自行绘制。

图 1-4 金融业务场景与驱动技术结合

——以云计算技术在网络购物小额支付场景的应用结合为例

第三节　金融科技关键驱动技术发展与相互关系

　　金融科技各关键驱动技术发展成熟度不同，云计算、大数据技术的发展相对成熟稳定，应用已较为广泛，人工智能正处于快速发展期，潜力值得期待，区块链处于发展初期，尚需时间和实践检验。通过对比分析2014年与2017年发布的高德纳技术成熟度曲线（见图1-5），可看到近年来人工智能、区块链、云计算、大数据等技术分别处在不同的发展阶段。云计算在2014年已渡过期望膨胀期进入幻灭期，当时距离达到生产成熟期（Plateau of Productivity）尚有不超过5年的时间。而在2014年大数据刚刚经历高峰期，高德纳咨询公司判断大数据的成熟还需5~10年时间。人工智能和区块链则正在逐步被人们接受和认可，尽管在2017年两项技术都处于期望膨胀期，但高德纳技术成熟度曲线（2017）认为人工智能（以机器学习和深度学习为主要代表）的成熟期更短，还需2~5年，而区块链的成熟期还有5~10年。而根据高德纳2019年区块链技术成熟度曲线，分布式账本将在2年内达到生产成熟期（Plateauof Productivity），区块链、共识机制、智能合约等需要2~5年，零知识证明、区块链互操作性等则还需要5~10年。

　　从数据价值视角看，关键驱动技术的发展及其在金融领域的应用力求在依法合规前提下实现数据价值最大化。在数据处理规模、处理速度和处理准度三个维度中，规模的维度往往最先得到提升，也只有先扩大数据规模，处理速度和处理准度的提升才能实现更大的数据价值。在增加数据规模的需求刺激下，金融科技发展在早期阶段主要表现为移动互联网和云计算在金融领域的应用，金融业务的营销方式得以改变。通过基于云服务的移动手机应用，一方面便利了金融消费者跨时空获取金融产品和服务，另一方面也为金融机构积累了大量用户金融交易、消费行为等数据。当数据规模发展到一定程度时，提升数据处理速度和准度就成为迫切需求，大数据和人工智能的应用开始在金融领域逐步普及，诞生了包括大数据风控、智能投顾等一系列创新，促进金融业务流程深度再造，乃至出现无人工干预的自动化业务。这也加强了金融服务和产品定制化程度，从而能以标准化模块的形式嵌入大量线上线下的个性化生活场景。最后，随着数据处理规模和处理速度的不断提升，全方位提升数据处理能力要求补足数据处理准度这块短板，区块链的诞生提供了一个增强数据可信度、优化数据处理准度的可选解决方案，但区块链在金融领域的应用总体仍处于加速探索阶段。

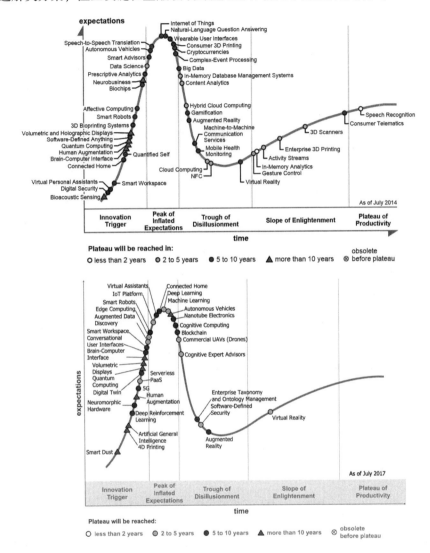

注：高德纳技术成熟度曲线（Gartner Hype Cycles）由高德纳咨询公司在 1995 年提出，基于高德纳咨询公司的分析预测，根据新兴技术演变成熟的速度，以及要达到该成熟阶段所需的时间绘制而成。

资料来源：高德纳咨询公司：《新兴技术成熟度曲线报告》（*Hype Cycle for Emerging Technologies*），2014 年 7 月，2017 年 7 月。

图 1 - 5　高德纳技术成熟度曲线（2014，2017）

　　各关键驱动技术间存在配合、协同的互动关系，多项技术的组合共同促进数据处理能力的提升。如上所述，各关键驱动技术凭借其不同特点而在数据活动的某个或某几个阶段（分别是数据采集/传输、数据安全/存储、数据加工、数据分析、数据呈现/决策）发挥相应的作用。数据生存周期作为数据处理的一般和最小流程，普遍存在于各类金融业务场景中。在金融业务场景中往往可观察到多个技术的同时应用，其原因在于驱动技术应用于数据生存周期不同阶段，存在配合协同的互动关系。在单个阶段内，几个驱动技术会相互配合，更好更快地完成处理操作；在多个阶段间，前序阶段是后一阶段的基础，后一阶段的处理操作依赖于前序阶段的处理操作，因而驱动技术在不同阶段产生协同效应（见图1-6）。比如，在数据分析阶段，云计算通过弹性计算、网络资源支持配合大数据分析海量数据，有云计算提供的充足计算资源支撑，大数据算法可在节约资源的同时提升数据分析速度和准度。受到传统机房的有限计算资源约束，即使在大数据的新算法支持下，对海量数据的分析也将花费更长的时间。在数据存储和数据分析两阶段间，区块链的防篡改性实现存储数据的真实可靠，从而提升大数据技术在数据分析阶段发掘数据关联关系的准确度。

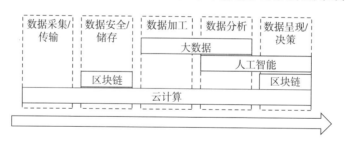

资料来源：自行绘制。

图1-6　驱动技术的配合、协同互动关系

第四节　金融科技演进路径及主要影响

　　金融业务场景对数据处理能力与金融专业技能的要求不同，因此产生"金融＋科技"和"科技＋金融"两类金融科技发展路径，金融机构和互联网科技公司在不同领域的竞合关系出现分化。不同金融业务对于数据处理能力的要求与金融专业技能的要求存在差异。比如，金融衍生品业务需要对定价模型、交易策略、套利技术等金融专业技能全面掌握，同时建模、模拟和运算等过程的执行实际上是对海量数据的分析与计算，需要较高的数据处理能力。这种差异决定了禀赋不同的主体在发展金融科技时的路径选择也不相同。在金融科技的多样化主体中，互联网科技公司在技术实力和数据处理能力方面具有比较优势。金融机构在长期开展金融业务的过程中积累了丰富的金融专业技能。从主体禀赋出发，金融科技的发展路径可分为"金融＋科技"和"科技＋金融"两类。"金融＋科技"主要指，传统金融机构利用新兴技术改造业务模式和转变经营管理理念，依托金融专业技能优势，优先在数据处理能力要求相对低的金融业务场景中发展金融科技业务；"科技＋金融"主要指，互联网科技公司利用新兴技术开展金融业务或支持金融业务，依托数据处理能力优势，优先在金融专业技能要求相对低的金融业务场景中发展金融科技（见图1－7）。

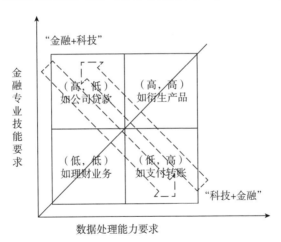

资料来源：自行绘制。

图1－7 金融业务场景中金融与科技相对比重关系与两类发展路径

随着两类发展路径的深化，金融机构与互联网科技公司的合作愈加广泛，在金融科技发展演进过程中金融与科技的边界逐步模糊。随着"金融＋科技"和"科技＋金融"的发展路径深化，金融机构和互联网科技公司从优势领域出发，逐步向各自相对劣势区域进一步发展，其过程包括建立获取拓展劣势领域的关键能力和依托已有优势开展广泛合作。

（1）在建立获取拓展劣势领域的关键能力方面，金融机构和互联网科技公司都在加大相关领域的人才引进、资金投入的力度。不论金融专业技能还是数据处理技术，获取相应能力优势都依赖于专业人才和资金投入。当前，互联网科技公司与金融机构之间的人员流动、相互投资等方式的沟通已较为普遍。与此同时，金融机构通过引入技术人才和加大技术研发投入等方式建立自身技术能力，互联网科技公司则通过收购金融机构和引入金融人才等方式建立自身金融专业能力。

（2）在依托已有优势开展广泛合作方面，金融机构和互联网科技公司的合作分别形成了"一对一"和"一对多"的关系。目前，金融机构和互联网科技公司的合作已较为广泛。大型金融机构因其业务规模大、种类多，应用的网络信息技术种类多，因此会与多家互联网科技公司建立合作关系，形成以金融机构为主体、多家互联网科技公司环绕的生态圈。而一些互联网科技公司以互联网和新兴技术为依托，构建数据分析能力、信息登记和存证追溯能力、风险控制和运营保障能力，为各类金融活动提供具有公共中间品①属性的一系列基础设施服务。比如，蚂蚁金服、京东数科等互联网科技公司均建设有金融科技平台，并面向中小型金融机构提供技术赋能服务。

随着金融科技的发展，一方面网络信息技术在金融领域的应用向更深、更广的方向发展，另一方面金融机构与互联网科技公司的竞合关系不断变化，对金融功能的实现、金融风险与金融监管可能产生一定影响。

（1）从对金融功能的影响来看，典型的支付清算、资金筹集、资源配置、风险管理、提供信息和解决激励的功能本质上并无变化，技术应用也并未创造出新的金融功能，但金融科技对数据处理能力的提升具有规模效应和范围效应。金融科技的投入主要是系统开发、设备部署等固定成本，因此处理的数据规模越大，其平均成本就越低，且在处理一类数据时，可应用到不同类型的金融业务中。因而金融科技有助于交易成本的降低和信

---

① 公共中间品一般不直接面向消费者，而是作为投入进入生产过程，并为行业内的消费者提供服务。因此，公共中间品常表现为行业内多个经济主体共享的共用性财产和资源，其消费主体通常表现为厂商等生产者，而这种消费又具有拥挤性、不可分割性和可收费性等特点。

息不对称的缓解，可促进实现金融功能的效率和效果的提升。此外，金融功能的实现载体也更为多元，实现手段不断丰富。在金融科技发展过程中，产生了许多承担不同金融功能的新兴业务模式，如第三方支付、个体网络借贷、股权众筹、助贷、网络互助等。

（2）从对金融风险与金融监管的影响来看，首先，金融科技发展使得技术风险对金融稳定的影响越来越大，业务处理系统等技术因素的不稳定不安全可能导致交易关闭、客户资金受损、核心数据泄露等问题，金融监管部门在对金融业务进行监管的同时，也需要通过推动研制技术应用标准、技术安全分级等方式，促进金融领域稳妥应用各类新兴技术。其次，数据处理能力的提升使得金融业务处理速度越来越快，监管及时性受到极大挑战。如果要实现在苗头性风险暴露前及时开展有效的预判和监管，监管部门需改进现有监管理念和工具，采用监管科技实现以技术监管技术。最后，新型金融服务商的出现，以及金融机构和互联网科技公司的竞合关系变化，都使得金融与非金融的边界变得模糊，增大了监管的风险识别难度，而金融机构与互联网科技公司复杂的竞合关系，也使得风险传染的机制、途径更加复杂隐蔽，风险转移传导方式增多，风险共振放大的可能性增加，对风险缓释和化解提出了更高要求。此外，不法分子利用新兴技术从事金融犯罪活动，导致新的风险要素和传统的金融、法律风险叠加，使得风险的传播速度更快、涉众性更强、危害更大。目前，各国对金融科技已逐渐形成了一些共识性的原则，包括以科技创新为驱动、以消费者保护为前提、以发展普惠金融为重点、以风险防范为核心、以标准规范为基础、鼓励多元化的主体良性竞合。

基于上述分析框架，本书将以人工智能、区块链、云计算、大数据等关键驱动技术为切入点，充分分析关键驱动技术对数据处理能力的作用影响，以及关键驱动技术在金融业务场景融合应用的相关逻辑。

第二章　人工智能技术及其在金融领域的应用

第一节　人工智能技术概况

一、人工智能技术的概念和特点

人工智能技术的主要理念是赋予机器进行自主思考或行动的能力。关于人工智能的定义众说纷纭，有些侧重于思考或行动的类人性，有些则强调思考或行动的合理性，但多数定义都基本认可人工智能是一种能够进行自主思考或行动的机器系统。比如，金融稳定理事会认为，人工智能是一种计算机系统，能够实现推理、学习、自我改进等通常需要人类智能来完成的功能。人工智能技术是指通过对上述机器系统的实现和应用，赋予机器自主思考或行动能力的技术，包括但不限于机器学习、计算机视觉、智能语音、自然语言处理、知识图谱、智能决策控制、机器人、混合智能、类脑智能等。

人工智能技术的主要特点是依托数据、算力和算法实现智能，算法是其技术重点。基于算法实现智能的机器系统在特定领域可拥有接近甚至超过人类的学习能力和处理效率，且可实现一定程度的自主性。一方面，算法实现智能的学习能力较强，数据处理总体效率较高。基于人工智能技术的机器系统可通过数据训练学到所需知识，对某些特定知识的学习效率高于人类。一旦习得有关知识，凭借其强大的计算能力和更长的工作时间，应用知识对数据进行重复性分析处理的效率在总体上也高于人类。另一方面，算法实现智能具有一定自主性。基于人工智能技术的机器系统能够实现一定程度的自主性，在无人工干预的情况下完成决策，且可通过综合运用智能语音、自然语言处理等技术，实现与人类多途径、高效率的交流互动。

当前人工智能主要是面向特定领域的专用智能，仍处于弱人工智能阶段。根据能力强弱，人工智能可划分为弱人工智能、强人工智能和超人工智能三个发展阶段①。弱人工智能擅长于在特定领域、有限规则内模拟和延伸人的智能。强人工智能具有意识、自我和创新思维，能够进行思考、计划、解决问题、抽象思维、理解复杂理念、快速学习和从经验中学习等人类级别智能的工作。超人工智能是在所有领域都大幅超越人类智能的机器智能。

二、人工智能技术的应用

数据、算力、算法的不断发展，为人工智能技术发挥作用提供坚实的支撑。信息化时代的到来，为人工智能技术发展提供了日益丰富的数据原料。新型计算芯片架构、特定应用集成电路（Application Specific Integrated Circuit，ASIC）等专用芯片的快速发展，提高了计算能力，降低了计算成本，持续拓宽人工智能技术的应用边界。深度学习算法等算法方面的迭代优化，不断为人工智能技术的发展提供更为强大的引擎。得益于三者的共同推动，人工智能技术在越来越多方面的能力不断接近甚至超越人类。

人工智能技术应用场景丰富。随着效能的不断提升，人工智能技术可被广泛用于金融、制造、安防、教育、医疗、养老、环境、交通、司法服务、网络安全、社会治理等行业和领域，不断优化观察预警、沟通交流、分析决策、流程自动化等功能（见图2-1）。

观测预警。人工智能技术能够持续不断地进行数据采集及处理工作，消除因精力有限等因素导致的观测间隙，扩大数据观测规模，提升数据处

---

① 中国信息通信研究院. 人工智能安全白皮书（2018）[R]. 2018-09.

理效率，可用于对网络舆情、环保指标、交通状况等信息实时性、持续性的观测预警。

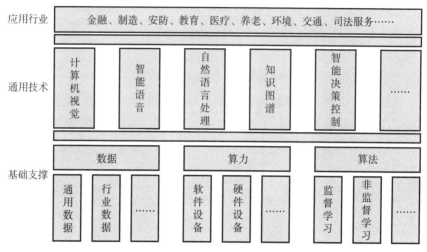

应用行业 金融、制造、安防、教育、医疗、养老、环境、交通、司法服务……

通用技术 计算机视觉 智能语音 自然语言处理 知识图谱 智能决策控制 ……

基础支撑 数据 算力 算法
通用数据 行业数据 …… 软件设备 硬件设备 …… 监督学习 非监督学习 ……

资料来源：自行绘制。

图2-1 人工智能技术应用架构

沟通交流。通过人工智能技术应用，人机交互能够缓解人人交互情况下因专业能力、职业素养和心理情绪等因素出现的沟通质量参差不齐等问题，且能够在保持较高沟通质量的前提下提高沟通效率，可用于完成客户服务、产品营销、投资咨询等任务，增强对反馈信息的捕捉和处理能力。

分析决策。人工智能技术能够实现对数据多维、全面地分析处理，并在一定程度上依据客观数据自主决策，提高数据利用效率及数据分析决策准度，避免主观因素干扰，可用于辅助完成市场行情分析、交易决策、需求挖掘、病情诊断、司法判决等任务，缓解数据利用不足及情绪化决策等问题。

流程自动化。人工智能技术能够赋予机器观测、沟通和决策等能力，其在机器人流程自动化领域的应用，不但能够使机器替代人类完成大量重复性、机械性的工作，还可完成需要一定自主性的分析决策等工作，可被用于完成财务分析、信贷审批、投资决策等任务，提高工作效率。

三、我国人工智能产业发展情况

我国人工智能产业发展的政策支持力度大。在 2018 年 10 月 31 日召开的中共中央政治局第九次集体学习中，习近平总书记强调，人工智能是新一轮科技革命和产业变革的重要驱动力量，加快发展新一代人工智能是事关我国能否抓住新一轮科技革命和产业变革机遇的战略问题。要深刻认识加快发展新一代人工智能的重大意义，加强领导，做好规划，明确任务，夯实基础，促进其同经济社会发展深度融合，推动我国新一代人工智能健康发展。近年来，我国支持人工智能产业发展政策陆续出台，人工智能已先后写入中国共产党第十九次全国代表大会报告和 2017 年、2018 年、2019 年政府工作报告。2017 年 7 月，国务院印发《新一代人工智能发展规划》，为人工智能产业发展提供了系统规划和战略部署（见表 2 - 1）。

表 2 - 1　　　　　　　　　我国人工智能相关政策

发布时间	发布部门	相关政策	主要内容
2015 年 7 月	国务院	《关于积极推进"互联网 +"行动的指导意见》（国发〔2015〕40 号）	依托互联网平台提供人工智能公共创新服务，加快人工智能核心技术突破，促进人工智能在智能家居、智能终端、智能汽车、机器人等领域的推广应用，培育若干引领全球人工智能发展的骨干企业和创新团队，形成创新活跃、开放合作、协同发展的产业生态。
2016 年 7 月	国务院	《"十三五"国家科技创新规划》（国发〔2016〕43 号）	发展人工智能等新一代信息技术，在基于大数据分析的类人智能方向取得重要突破，实现类人视觉、类人听觉、类人语言和类人思维，支撑智能产业的发展。
2016 年 11 月	国务院	《"十三五"国家战略性新兴产业发展规划》（国发〔2016〕67 号）	培育人工智能产业生态，促进人工智能在经济社会重点领域推广应用，加快人工智能支撑体系建设，推动人工智能技术在各领域应用。

发布时间	发布部门	相关政策	主要内容
2017 年 7 月	国务院	《新一代人工智能发展规划》（国发〔2017〕35 号）	从总体要求、重点任务、资源配置、保障措施、组织实施等方面对新一代人工智能发展的系统规划和部署。
2016 年 3 月	工业和信息化部、国家发展改革委、财政部	《机器人产业发展规划（2016—2020 年）》（工信部联规〔2016〕109 号）	重点开展人工智能、机器人深度学习等基础前沿技术研究和创新。
2016 年 5 月	国家发展改革委、科技部、工业和信息化部、中央网信办	《"互联网＋"人工智能三年行动实施方案》（发改高技〔2016〕1078 号）	培育发展人工智能新兴产业、推进重点领域智能产品创新、提升终端产品智能化水平，加强资金、标准体系、知识产权、人才培养、国际合作、组织实施等方面的政策保障。
2017 年 12 月	工业和信息化部	《促进新一代人工智能产业发展三年行动计划（2018—2020 年）》（工信部科〔2017〕315 号）	到 2020 年，一系列人工智能标志性产品取得重要突破，在若干重点领域形成国际竞争优势，人工智能和实体经济融合进一步深化，产业发展环境进一步优化。
2018 年 4 月	教育部	《关于印发高等学校人工智能创新行动计划的通知》（教技〔2018〕3 号）	优化高校人工智能领域科技创新体系，完善人工智能领域人才培养体系，推动高校人工智能领域科技成果转化与示范应用。
2018 年 11 月	工业和信息化部	《新一代人工智能产业创新重点任务揭榜工作方案》	征集并遴选一批掌握关键核心技术、具备较强创新能力的单位集中攻关，重点突破一批技术先进、性能优秀、应用效果好的人工智能标志性产品、平台和服务，培育我国人工智能产业创新发展的主力军。

续表

发布时间	发布部门	相关政策	主要内容
2019 年 6 月	科技部	《新一代人工智能治理原则》	为促进新一代人工智能健康发展，更好协调发展与治理的关系，确保人工智能安全可靠可控，推动经济、社会及生态可持续发展，共建人类命运共同体，人工智能发展相关各方应遵循的原则。
2019 年 8 月	科技部	《关于印发国家新一代人工智能创新发展实验区建设工作指引的通知》（国科发规〔2019〕298 号）	开展人工智能技术应用示范，探索促进人工智能与经济社会发展深度融合的新路径。
2019 年 8 月	中国人民银行	《金融科技（FinTech）发展规划（2019—2021年）》（银发〔2019〕209 号）	稳步应用人工智能。深入把握新一代人工智能发展的特点，统筹优化数据资源、算法模型、算力支持等人工智能核心资产，稳妥推动人工智能技术与金融业务深度融合。
2017 年 10 月	上海市人民政府	《关于本市推动新一代人工智能发展的实施意见》（沪府办发〔2017〕66 号）	为发展人工智能产业提供指导方向，在推动人工智能发展过程中，重点关注智能装备、产品与核心部件等。
2017 年 12 月	北京市人民政府	《关于印发加快科技创新构建高精尖经济结构系列文件的通知》（京发〔2017〕27 号）	建立人工智能研发优势，构建层次化、系统化人工智能技术体系。搭建人工智能协同创新平台。推动人工智能与行业应用深度融合。
2017 年 12 月	天津市人民政府	《关于印发天津市加快推进智能科技产业发展总体行动计划和十大专项行动计划的通知》（津政办发〔2017〕112 号）	设立新一代人工智能科技产业基金，建设智能科技人才高地。

续表

发布时间	发布部门	相关政策	主要内容
2018 年 2 月	黑龙江省人民政府	《关于印发黑龙江省人工智能产业三年专项行动计划（2018—2020 年）等 6 个专项行动计划的通知》（黑政办规〔2018〕10 号）	抢抓人工智能产业发展机遇，推动人工智能产业在优势重点领域取得突破，实现创新链、产业链、价值链多重延伸和协同发展。
2018 年 3 月	福建省人民政府	《关于推动新一代人工智能加快发展的实施意见》（闽政〔2018〕5 号）	大力发展智能企业、智能服务、智能经济和智能社会，推动数字福建建设应用迈向智慧化新阶段。
2019 年 2 月	浙江省人民政府	《关于印发浙江省促进新一代人工智能发展行动计划（2019—2022 年）的通知》（浙经信技术〔2019〕23 号）	突破关键核心基础理论和技术，攻克基础软硬件，加快发展智能产品，推动人工智能示范应用，深化人工智能军民融合。
2019 年 8 月	深圳市人民政府	《深圳市新一代人工智能发展行动计划（2019—2023 年）》	抢抓人工智能发展机遇，抢占人工智能发展制高点，构建人工智能技术开放创新体系，推动人工智能与实体经济融合发展，打造人工智能产业集群，加快建设国际科技创新中心。
2019 年 9 月	上海市人民政府	《关于建设人工智能上海高地构建一流创新生态的行动方案（2019—2021 年）》	加快建设上海"创新策源、应用示范、制度供给、人才积聚"人工智能高地；进一步汇聚各类资源、形成深度共识，培育有助于人工智能高质量发展的良好环境，打响"一流创新生态"品牌。

资料来源：自行整理。

我国人工智能产业具有广阔的市场前景。综合来看，我国人工智能产业居于世界前列。企业数量方面，截至 2019 年 3 月底，我国大陆地区人工智能企业总数 1189 家，居全球第二。投融资方面，自 2016 年至 2019 年 3 月底，我国人工智能投融资笔数达 114 笔，居全球首位。2018 年全年，我国人工智能投融资金额达 329 亿美元，居全球首位。① 产业规模方面，国务院副总理刘鹤在 2019 年 8 月表示，2018 年我国与人工智能相关的产业规模或已超过 5000 亿元人民币，正成为重要的新经济增长点。

我国人工智能领域专利数量居世界前列，部分领域核心关键技术实现重要突破。2018 年 7 月，清华大学中国科技政策研究中心发布的《中国人工智能发展报告 2018》显示，我国在人工智能领域的技术起源国家或地区排名及专利技术布局排名上均领先于美国和日本，居全球首位。关键技术方面，《新一代人工智能发展规划》指出，我国语音识别、视觉识别技术世界领先，自适应自主学习、直觉感知、综合推理、混合智能和群体智能等初步具备跨越发展的能力，中文信息处理、智能监控、生物特征识别、工业机器人、服务机器人、无人驾驶逐步进入实际应用。2019 年 12 月，国家工业信息安全发展研究中心发布的《人工智能中国专利技术分析报告》指出，我国人工智能领域专利申请呈快速增长，在 2010 年后增长速度明显加快，近两年的增长令人瞩目。其中，2018 年专利申请量达 94539 件，为 2010 年的 10 倍（见图 2-2）。

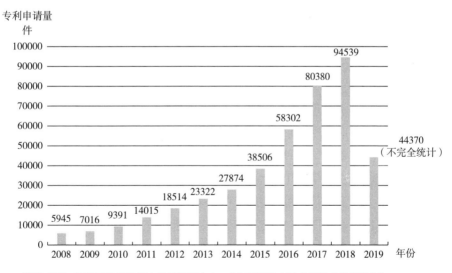

资料来源：国家工业信息安全发展研究中心，《人工智能中国专利技术分析报告》。

图 2-2 我国人工智能专利申请量年度变化趋势

① 中国信息通信研究院. 全球人工智能产业数据报告［R］. 2019-04.

四、人工智能技术标准化情况

国际组织方面，主要国际标准组织已推出概念、术语等部分相关标准，且对标准的后续研制工作正在有序推进。国际标准化组织（ISO）、国际电工委员会（IEC）和国际电信联盟（ITU）等国际性标准化组织均已开展人工智能技术标准相关的研究工作，且已取得一定成果。比如，ISO和IEC第一联合技术委员会（ISO/IEC JTC 1）已发布标准《信息技术　词汇》，其中涉及人工智能、专家系统、语音识别、机器学习和神经网络等相关概念。此外，其下设人工智能分技术委员会（ISO/IEC JTC 1/SC 42）已正式发布标准4项，另有包括《人工智能　概念和术语》在内的13项标准处于在研阶段。

国外方面，人工智能技术的标准化工作已引起美欧等国家和地区重视。美国方面，电气和电子工程师协会（IEEE）在人工智能技术应用于系统测试与故障诊断的数据交换与标准服务、智能过程自动化等方面已有相关标准发布。此外，该协会较为关注人工智能领域伦理道德方面的研究，已批准7个相关项目。美国国家标准与技术研究院（NIST）在文本识别、人工智能数据采集分析工具、机器学习的优化应用等方面已有一定研究基础，并在2019年8月发布了《美国如何领导人工智能：联邦政府参与制定技术标准及相关工具的计划》，为美国联邦政府参与人工智能技术标准提供建议。欧洲方面，欧洲标准化委员会（CEN）和欧洲电工标准化委员会（CENELEC）于2018年9月专门就标准化如何支持人工智能技术应用联合召开专题研讨会，并于2019年4月成立人工智能焦点小组，明确欧洲标准化具体需求。欧洲电信标准化协会（ETSI）较为关注认知技术，并将人工智能纳入其技术路线图，已有智能网络等方面的技术规范发布。

国内方面，我国正抓紧推进人工智能技术的标准化进程。目前，我国人工智能技术领域已有基本概念与专家系统、语音识别与合成、机器学习、神经系统等4项推荐性国家标准。全国信息技术标准化技术委员会、全国信息安全标准化技术委员会、全国智能运输系统标准化技术委员会等已发布了一批关于人工智能概念、自动语音识别、生物特征识别和智能交通等有关人工智能技术的标准文件。2018 年 1 月，国家人工智能标准化总体组的成立，有助于促进我国人工智能技术标准化工作的统筹推进。2018 年 10 月 9 日，由中国人民银行发布的《移动金融基于声纹识别的安全应用技术规范》开始实施。该标准是金融领域生物特征安全应用技术标准，规定了移动金融服务场景中基于声纹识别的安全应用相关功能要求、性能要求和安全要求等内容。2019 年 3 月，《信息技术　人工智能　术语》国家标准正式立项，相关工作正在有序推进中。

第二节　人工智能技术在金融领域应用的现状

人工智能技术在金融领域的应用已渗透到多个主要业态，引起金融行业的普遍关注。首先，人工智能技术在金融业务的前中后端均有用武之地，被银行、证券、基金、保险等传统金融机构以及互联网金融机构用于身份核验、信用评估、反欺诈、客户沟通、舆情监测、流程优化、安防监控等多个环节。其次，金融稳定理事会等国际组织较为重视对人工智能技术在金融领域应用潜力及可能影响的研究，认为人工智能技术的应用可能带来金融服务、金融监管以及系统性风险监测等方面的积极影响。最后，人工智能技术在监管方面的应用价值能够同时惠及从业机构和监管部门，已引起多国金融监管部门关注。对金融机构而言，基于人工智能技术的监管科技能够提高金融机构的合规效率，有助于降低其合规成本。对监管部门而言，人工智能技术的应用能够缓解因激励约束而导致监管动力不足的问题，也有助于提高监管的实时性和持续性。

应用场景方面，人工智能技术在风险控制、客户服务、运维管理、客户营销、投资顾问、投资研究、量化交易、保险理赔等方面已有一定程度的应用。根据 A 股上市银行、证券、保险类金融机构 2019 年年报相关信息，约有 44%、41%、33%、31% 和 25% 的机构已开展智能风控、智能客服、智能运维、智能营销、智能投顾方面的应用，约有 7%、3% 和 2% 的机构已开展智能投研、量化交易、保险理赔方面的应用。其中，上市银行更为积极，近九成上市银行披露已开展或者计划开展人工智能应用控索，开展智能风控、智能客服应用的上市银行占比分别约为 75%、64%，开展智能营销、智能运维应用的上市银行占比均超五成。此外，人工智能技术和大数据技术在金融领域的应用场景具有较高相似性，这在一定程度上反映出人工智能技术现阶段对数据依赖程度较高的特点。

应用技术方面，计算机视觉、智能语音、自然语言处理等技术的应用发展相对较为成熟。比如，以人脸识别为代表的生物识别技术在身份验证环节的应用，以及智能语音、自然语言处理等技术在客户服务领域的应用已较为普遍，并取得了较好的应用效果。

一、人工智能技术在银行业的典型应用场景

智能投顾。近年来，我国居民对投资顾问服务的需求显著增加。但由于存在投资顾问数量少、单个投资顾问服务能力有限、人工成本高昂等限制，传统服务模式通常只能覆盖部分高净值人群，无法充分满足市场需求。智能投顾基于人工智能技术与现代投资组合理论，综合考虑客户的风险偏好、财务目标等因素，旨在提供批量化、定制化的投资顾问服务，在降低服务门槛的同时，为客户提供符合其自身需求的投资建议。

━━ **案例2-1** ━━━━━━━━━━━━━━

银行智能投顾产品

案例背景。近年来，我国居民的投资理财需求不断增长。但是，我国的合格投资顾问数量与具有投顾服务需求的投资者数量相差悬殊，日益增长的投资者基数及投顾服务需求与传统投顾数量、专业能力的不匹配，对完全依靠人工提供有关服务的业务模式提出了严峻挑战。

技术方案。某银行智能投顾产品综合运用聚类分析、投资组合模型、机器学习等方法和技术，结合该银行多年财富管理实践及基金研究经验，通过以公募基金为基础的全球资产配置，为投资者提供智能基金组合配置服务，帮助其实现分散投资风险的目的。在投资者选择投资期限和风险承受级别后，该智能投顾产品会根据投资者自主选择的流动性安排和风险偏好等信息，提供基金组合建议并由投资者自行决策后购买相应产品并享受后续服务。该智能投顾产品提供的服务流程，包含了目标风险确定、组合构建、一键购买、风险预警、调仓提示、一键优化、售后服务报告等内

容，涉及基金投资的售前、售中、售后等多个服务环节。比如，该智能投顾产品能够持续进行市场扫描，判断投资者持有组合与最新最优组合的偏离情况，并为投资者提供动态的调整建议，在投资者认可并在手机银行中点击"一键优化"后，即可自主完成组合优化操作。

实现效果。该智能投顾产品上线以来呈现"低波动、稳增长"的业绩表现，目前已成为国内具有较大规模和较高知名度的智能投顾产品。投资者的最低投资金额为 2 万元，有助于扩大投资顾问服务覆盖的人群。

身份核验。身份核验是客户办理许多银行业务的重要前置工作，也是银行控制业务风险的重要环节。传统身份验证主要通过密码验证和人工验证相结合的方式实现，存在一些难点和痛点。比如，密码与身份的关联性较差，泄露的密码可能被其他人使用，而人工验证的效率、准确率受验证人员工作能力、主观情绪等因素影响较大。基于人工智能技术的人脸识别、指纹识别、活体检测等新型身份验证方式，能够丰富身份验证手段，提高账户冒用难度，还能提高验证效率及验证结果的稳定性。

案例 2–2

金融生物识别平台系统

案例背景。传统的银行柜面业务，在核验人员身份时主要通过工作人员人工确认客户与身份证是否为同一人。在业务高峰期，不仅工作人员压力较大，而且可能产生客户因排队时间长而出现不满情绪的现象。此外，人工验证具有一定主观性，经验不足的员工较难识别蓄意伪装行为，可能出现冒用他人身份办理金融业务的问题。

技术方案。为有效应对上述问题，某银行采用了互联网科技公司为其打造的金融生物识别平台系统。该平台最上层是生物识别管理门户和人脸识别客户端，其中，生物识别管理门户可用于查询影像库及相关资料、预警信息以及进行相关的用户管理、权限管理等。金融业务中各种需要使用生物认证服务的柜面应用、自助机具应用、移动端应用、其他网络应用或银行内网其他业务应用均通过人脸识别客户端后端的生物识别服务。管理门户和人脸识别客户端通过接口适配层使用数据模块（主要负责数据存储及统计）、人脸静态模块（输入为图片时的人脸比对服务）、人脸动态模块

（输入为视频时的人脸比对服务）。平台基础服务层主要是上述功能模块所需要依赖的中间件服务或其他基础服务，主要包含关系型数据库服务（存储结构化数据）、内存数据库服务（提供高速缓存的数据）、分布式存储（存储结构化数据，提供影响平台及人脸识别库的服务）。在银行柜面业务办理过程中，平台可将现场（通过摄像头或高拍仪）采集到的人脸图片与通过身份证信息（通过联网核查或银行自有数据获取）获取的人脸照片进行识别及比对，并将比对的分数及相应阈值返回给柜面人员，柜面人员可基于此来判断人证是否为同一人（见图2-3）。

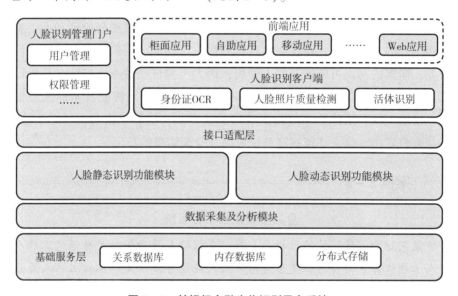

图2-3 某银行金融生物识别平台系统

实现效果。某银行在全行推广上线该系统后，身份核验的过程可在1秒以内完成，柜台日均办理人脸识别业务5.8万笔，识别准确率超过99.3%。

二、人工智能技术在证券基金业的典型应用场景

智能投研。影响基金产品收益的因素错综复杂，研究人员往往需要在相关信息搜集整理方面花费大量时间和精力，信息处理效率较低。通过自然语言处理与深度学习技术的应用，可将非结构化数据自动整理成结构化数据，

并结合舆情分析、情感分析、语义识别等技术自动追踪行业和市场动向，提高信息处理效率。此外，人在面对市场波动时，情绪往往也会随之波动从而影响分析决策的客观性，可能导致基金净值回撤甚至造成亏损。人工智能技术可严格依据客观情况和既定策略作出相应决策，能够降低主观情绪的不利影响。

案例2-3

投资管理人工智能平台

案例背景。目前，科创领域融资市场的信息不对称问题较为突出。互联网科技公司在高速成长的过程中，面临融资成本较高、缺少对接渠道、品牌曝光不足等痛点。同时，投资人也面临两大难题：一是信息获取难，单一投资人能获取项目的渠道不足，能接触到的项目数量有限；二是项目筛选难，普遍存在有效信息甄别难、专业积累欠缺和人力资源不足三大瓶颈。

技术方案。某财富管理公司开发了贯穿于整个私募股权母基金投资管理全流程的人工智能平台，该平台可实现数据全网抓取、存储、结构化分析、实时追踪，从而将母基金管理人的主动管理能力与大数据、人工智能技术进行双向交互，提升母基金管理人的投资能力和管理能力。同时，该平台还会将多年来公司积累的普通合伙人（General Partner，GP）尽职调查数据与全网抓取的数据进行交叉验证，以提高数据库准确性。运用该平台，母基金管理人可了解GP的基本信息，包括基金规模、类型、内部收益率和投资回报率等在管基金核心信息。在此基础上，该平台还能通过人工智能技术中的知识图谱应用，将GP、关键人、项目等进行多维度关联并绘制出关系图谱，从而帮助母基金管理人洞察、验证GP的投资管理能力。平台还可多维度分析该GP的历史投资表现，包括投资项目的行业变化趋势与分布、轮次分布、币种分布、地域分布、领投/跟投的比例、联合投资的概率、所投项目进入下一轮投资的比例等一系列项目层面信息。通过自然语言处理与深度学习技术应用，平台可将非结构化的数据自动整理成结构化数据，并结合舆情分析、情感分析、语义识别等多种算法自动监测基金和项目信息，追踪行业和市场动向。

实现效果。目前，该平台已覆盖行业2万多家投资机构、3万多只基金，每秒实时分析处理超过1000万条数据，可通过60多个维度对相关GP进行全方位数据画像。

三、人工智能技术在保险业的典型应用场景

智能理赔。传统的理赔定损环节，通常需要专业人士到达现场进行勘定，理赔结果对理赔人员个人能力的依赖度较高，从业机构往往需要花费较高成本用于培养优秀的理赔人员。同时，人工定损处理效率较低，可能导致客户体验较差。利用计算机视觉、机器学习等技术，当消费者将标的物损害情况等信息上传至从业机构后，智能理赔系统即可辅助实现远程定损，在提高速度、节省成本的同时降低人工操作导致的相关风险，优化理赔环节的效率和客户体验。

═══ **案例 2 – 4** ═══════════════════════

智能理赔服务

案例背景。汽车保险行业平均理赔时效长达数天，普遍存在理赔速度较慢、客户体验较差等痛点。同时，传统的人工定损不仅受到工作人员专业水平、情绪波动等因素的影响，还存在一定的道德风险。

技术方案。某保险公司的智能理赔服务利用图片定损、自动定价、智能风控技术，可较快速且准确地完成对车辆的查勘定损。相比于传统理赔，该智能理赔服务具有四大技术特色。一是识别精度较高，其图片数据库覆盖大量乘用车型、外观件以及 23 种损失程度，智能识别精度达 90% 以上。二是定损效率较高，系统获取照片后可在数秒完成维修方案定价。三是定损价格较准，系统构建了基本覆盖全国、精准到县市的工时配件价格体系。四是智能风险拦截，系统构建了承保到理赔海量风险因子库，包括 3 万多种数字化理赔风险控制规则，有助于降低理赔成本。该智能理赔服务具有较高的识别准确率和较快的赔付速度，有望成为查勘及审核人员的得力助手。

实现效果。该智能理赔服务可使车险理赔时效由行业平均的两三天缩短至两个小时，并减少由人工操作带来的道德风险。预计在全行业范围内推广后，可缓解时效慢纠纷多、渗漏风险高等问题，带给汽车保险行业的渗漏管控收益超过 200 亿元，促进行业理赔运营效能提升 40% 以上。

智能营销。金融产品种类繁多，客户需求千差万别，如何实现二者的精准匹配，在合适的时间，以合适的方式，将合适的产品推荐给合适的人，是精准营销面临的主要问题。传统营销方式对于营销人员具有较强的依赖性，营销人员的专业素养、个人精力、情绪状态等因素都可能影响营销效果。智能营销信息处理能力强，能够降低信息漏损，充分挖掘潜在需求，有助于实现营销服务的随时、随地、随需，且服务承载能力高，提供增量服务的边际成本低于传统方式。此外，服务质量不受营销人员主观因素干扰，有助于保持营销水平的稳定性。

案例 2-5

保险销售智能助手产品

案例背景。在金融领域的线下营销中，客户需求各异、金融产品丰富复杂且业务员销售全品类产品的能力有限、素质参差不齐，加之缺少线下营销的有效优化手段，易错失销售机会，影响金融机构的营销效率和成功率。

技术方案。某金融科技公司推出的智能销售助手产品，基于机器阅读理解、知识图谱和会议摘要，主要针对金融机构的线下营销场景，基于保险条款和用户反馈给出合理的对话建议，提升线下营销的效率、质量及用户体验。在阅读理解模块中，基于真实的业务场景与需求，构建了中文保险问答数据库，覆盖 1000 份保险文档与 20 万个常见问题，并结合机器阅读理解技术构建了金融产品条款的问答系统。传统机器问答需要对每份文档进行长达一个月的人工梳理，该产品的阅读理解模块只需秒级即可完成对文档的理解，问答准确率为 91.35%。在知识图谱模块中，该金融科技公司构建了十万量级的金融知识图谱，让智能销售助手可回答更多合同条款中没有但客户关心的问题。会议摘要模块中，该金融科技公司创建了用户职业、投保意向等 50 个用户标签，自动总结用户的交流信息，生成全面精准的线下客户画像，识别准确率达 90%。

实现效果。业务员在线下营销中遇到的问题可在 1 秒内获得解答，平均业务时间缩短 30%，工作效率和准确度获得较大提升，同时避免了由于业务人员解答错误、过度承诺等人为因素导致的业务纠纷。

四、人工智能技术在互联网金融领域及其他的典型应用场景

智能风控。实践中，相当一部分互联网金融机构的客户群体缺少征信信息等数据，难以适用于传统的风险控制方式。同时，各类金融欺诈行为时有发生，且趋于组织化、专业化，其危害日趋严重。因此，提高对欺诈行为的识别率，在保证业务规模前提下降低欺诈损失，是很多互联网金融机构风控工作的重中之重。通过将知识图谱、深度学习等人工智能技术应用于风控领域，整合结构化、半结构化和非结构化数据，大规模监测各关系数据中存在的不一致性，能够及时发现潜在欺诈疑点，提高风险管控能力。此外，综合利用智能语音和自然语言处理等技术，还能够实现对电话催收行为的实时监测，有助于及时阻止不文明催收行为的发生，提高经营合规性。

═══ **案例 2 – 6** ═══════════════════════════

智能反欺诈服务

案例背景。随着互联网金融行业深入发展，各类金融欺诈行为危害也日益严重，黑灰色产业攻击、中介代办、组团骗贷、冒用身份等金融欺诈行为频发。

技术方案。通过综合应用活体识别、知识图谱等技术，某金融科技公司推出智能反欺诈服务。比如，通过人脸识别、声纹识别等生物识别技术验证身份；通过关联网络构建欺诈关联图谱，实时打击黑产、黑中介等团伙欺诈；通过 ID – Mapping 技术实现人、账号、设备之间的关联，识别设备异常和高危账号。对于活体识别技术的应用，能够实现开户、授信等环节对身份的精准判断，让活体识别应用环境更加安全。基于大数据构建的风控体系，能够加强对用户信息厚度的积累，同时利用语义识别等人工智能技术，对百万级黑名单数据进行分类处理，通过识别其特征字段，划分出涉恐类、制裁类、犯罪类、政治公众人物（Politically Exposed Persons，PEP）类等不同黑名单类型和风险等级。在用户开户环节，根据黑名单分类开展用户风险识别，能够有效防范不法分子利用公司产品进行非法活动的风险。

实现效果。依托人工智能技术，该金融科技公司构建了立体的反欺诈

防护体系,有效地提升了反欺诈效率。首先,通过引入机器学习对预警模型进行优化,日预警量由超过 100 条减少到 20 条以内,有效预警率由不足 10% 提高到 50% 左右。其次,应用知识图谱技术提升反欺诈能力,欺诈行为识别准确率达 80%。

案例 2-7

住房租赁智能风控系统

案例背景。中央提出要坚持"房子是用来住的,不是用来炒的"的定位,加快建立租购并举的住房制度,完善促进房地产市场平稳健康发展的长效机制,使得房屋租赁服务成为居住领域的关键亮点,也成为雄安新区发展的重中之重。各金融机构围绕住房租赁,逐步开始研发和构建新的金融服务体系。

技术方案。在雄安新区,某地产中介设计了积分租房体系,依托其在房屋租赁和经纪行业的经验,由某居住金融服务商为其打造租赁、家装、买卖、安居四个典型消费场景的智能风控系统。一是租赁消费类贷款,以大数据驱动的用户分析和智能风控模型进行精准定位,有效链接 C 端和 B 端客户。二是使用非线性分析,对租房者进行精确画像,风险预测能力超过人工范围。三是利用反欺诈引擎判断并实时监测租房者欺诈风险,包括租房者在其他平台的违约情况、跨平台多头借贷情况、假冒身份或设备、团体欺诈等。四是基于 AI 规则引擎利用多维数据评估风险,从数据中提取规则和策略,以提供进行精准预测的相关信息(见图 2-4)。

实现效果。依托该地产中介的楼盘字典、用户信用系统、房屋估价库、金融知识库等资源,雄安新区拟借助该居住金融服务商搭建住房租赁市场的四大自有数据库,其中智能风控系统是关键一环。该居住金融服务商在 29 个城市为近百家银行 120 万个用户提供住房金融服务,并累计为 6188 亿元资金支付提供安全保障,有助于雄安新区构建科学有效的住房租赁积分全生命周期管理机制,强化住房保障体系有效性,规范住房租赁市场发展,激发消费市场活力。

智能客服。金融机构往往需雇用大量客户服务人员,应对大量客户提出的关于产品信息、系统操作等方面的问题。但由于工作人员对知识的掌握能力有限,对信息的处理速度较慢,金融机构往往即使付出大量的人力成本，仍面临服务效率低、服务质量参差不齐等痛点。智能客服集成智能语音、自然语言处理、深度学习等人工智能技术，使得机器不仅能听会说，而且能够自主完成对客户问题的解答，将传统的人人交流转化为人机交流，有助于解决传统金融机构前台服务人员不足、人员成本居高不下等问题，并提高响应速度、改进客户体验。

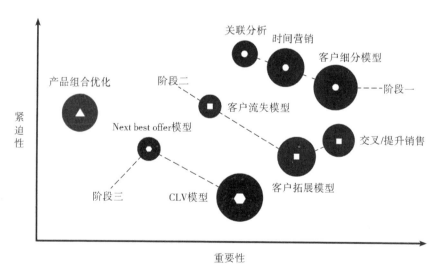

图 2-4　某居住场景智能风控系统

案例2-8

智能客服系统

案例背景。传统客户服务模式下，人工坐席在服务峰值时数量不足而在服务低谷时数量过多，其在面对客户多样化且重复性的问题时，对不同话术下问题的分辨需耗费大量精力，有时甚至因不专业而需转接其他业务部门进行咨询。同时，客服人员的培训往往需要一个月甚至更长时间，且短期内难以对客户提问进行有效反馈。

技术方案。某金融科技公司推出智能客服系统，基于自然语言处理、大规模机器学习、深度学习技术，使用海量数据建立对话模型，结合多轮对话与实时反馈自主学习，精准识别用户意图，支持文字、语音、图片的交互，实现多领域语义解析和多形式对话，有助于降低企业人力成本。该系统拥有自主学习、知识库生成、多轮对话、机器人训练师等特色，具备人物对话、业务咨询、知识图谱、智能聊天等功能。系统支持全渠道快速接入，用户可在几分钟内介入手机 APP、微信、微博、网页等流量渠道，实现全平台、全方位覆盖客服媒介（见图2-5）。

实现效果。使用智能客服系统后，95% 的常见问题已可通过智能机器人自助解决，人工客服也通过全方位智能辅助功能提高了接待质量和效率。智能客服应用后，实现了 7×24 小时全天候服务与一对多的客服操作，提升了用户体验，促进了客服中心由成本中心向收益中心的转化。

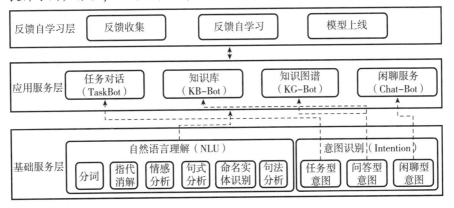

图2-5 某金融科技公司智能客服系统架构

第三节 人工智能技术在金融领域应用的风险、挑战与展望

一、人工智能技术在金融领域应用的风险

技术安全风险。人工智能技术本身仍处于发展演进过程中，存在算法"不可解释性"、对数据依赖度高等问题，加之算法模型设计缺陷等人为因素，可能导致结果偏离预期、算法歧视、系统异常等风险。此外，人工智能技术被不当使用甚至恶意使用，可能导致扩大违法违规行为危害的风险。比如，人工智能技术在语音模拟和人脸模拟方面的应用，可能会增加欺诈行为的防范难度。

隐私泄露风险。一方面，逆向攻击等威胁可能导致人工智能模型内部数据泄露，而金融领域数据可能涉及大量个人隐私，此类数据的泄露可能给客户带来难以估量的损失。比如，生物特征识别使用的指纹、声纹、相貌等数据通常具有唯一性及高度敏感性并且难以修改，其泄露所带来的损害可能难以逆转。另一方面，人工智能技术应用于数据挖掘方面，可通过对看似不相关数据的挖掘分析得到与用户隐私相关的信息，降低数据脱敏等隐私保护手段的效果，加大隐私泄露风险。

责任主体难认定。人工智能技术产品和应用本身不具备责任承担能力及法律主体资格，而其在金融领域的应用可能涉及技术提供方、技术使用方以及金融服务使用方等多个利益相关方，往往难以厘清责任归属，算法"不可解释性"则更增加了责任划分的难度。

放大市场顺周期性。随着人工智能技术大规模应用于金融交易中，可能因算法的同质性等因素导致市场交易行为一致化，加大市场周期性波动幅度。此外，交易程序使得交易频率能够达到毫秒级，当出现极端事件或者程序出现故障时，可能带来巨大损失甚至对金融稳定造成负面影响。

监管套利风险。人工智能技术应用和发展速度较快，而监管部门在了

解技术情况、制定规范政策等方面一般存在时滞，且监管部门与被监管机构之间可能存在信息上的不对称，进而导致一定的监管套利空间。

二、人工智能技术在金融领域应用的挑战

数据共享交流整合不足。现阶段，金融领域的多数人工智能应用依赖于数据训练，数据集质量很大程度上会影响应用成效。而大规模且完整准确的高质量数据集需要对数据进行填补拼接、交叉校验等操作，对数据共享流动有较高要求。由于缺少合适的激励机制和共享机制，从业机构共享数据的动力不足、顾虑较多，公共部门数据整合和共享不够，数据条块分割和数据孤岛现象较为普遍，导致大量沉淀数据未能激活，难以支持人工智能技术的深度应用。

技术成熟度不足。人工智能技术在可靠性、无偏性、可解释性和可扩展性等方面有待进一步提高，可能对其在金融领域的深入应用造成阻碍。比如，金融领域对于模型的可解释性要求较高，而基于深度学习的人工智能技术具有"不可解释性"特点，即使专业技术人员也无法完全解释模型逻辑与参数关系，也难以确保任务被可靠且没有偏差地完成。此外，金融业务专业性强，涉及金融产品种类繁多，许多金融产品之间的差异显著。通过数据训练的人工智能技术在解决类似问题时表现较好，但训练结果通用性较差，难以同时适用于不同金融产品。

人才储备不足。推进金融领域对人工智能技术的合理应用，需要大量既懂金融业务又懂人工智能技术的复合型人才。然而，金融业务与人工智能技术均具有较高的专业性，且二者所涉及知识的跨度较大。因此，上述复合型人才不仅存量不足，而且其培养难度也相对较高，难以在短时间内得到有效补充。

三、人工智能技术在金融领域应用的展望

监管政策和行业标准更加完善。从全球范围来看，金融监管部门往往落后于金融科技创新的步伐。但监管不能落后得太远，更不能落后得太

久。随着监管部门对于人工智能技术及其应用的研究日益深入，数据治理、个人信息保护、技术应用等方面的监管政策和行业标准将加速出台实施，为人工智能技术应用和发展提供更好的基础条件和政策环境。

人工智能技术在金融领域的应用逐步深化。随着相关监管政策和行业标准逐渐明确，人工智能技术在金融领域的应用有望逐步深化。领先型从业机构依托自身数据存量、业务规模等方面的优势，在人工智能技术的应用融合方面具有较大潜力与发展空间。比如，图像识别、人脸识别以及正在逐渐走向成熟的声纹识别等技术将在身份核验等金融场景中发挥更加重要的作用。智能投顾有望实现行业的优胜劣汰，让真正优质的专业投顾服务惠及更多人群。

人工智能技术有助于推动监管科技发展。人工智能技术可用于金融机构合规管理，有助于降低合规成本、提升业务合规性。可推动运用数字化监管协议，实现监管规则和要求的数字化转换，通过提供嵌入式 API 接口等方式方便金融机构接入，从而提高监管的实时性、持续性。可通过探索运用机器学习、知识图谱等人工智能技术，增强监管数据采集、整合、运用的精确性和实时性，不断提升金融风险态势感知能力和监管科技水平。

第四节　推进人工智能技术在金融领域应用的对策建议

一是加强风险监管。可按照实质重于形式的原则，以人工智能技术在金融领域应用的外溢风险为导向，以算法有效性、功能适当性、机器行为合规性等为重点，研究探索智能投顾、智能风控、智能量化交易等领域的业务规则，并加强合作外包、数据治理等方面的技术监管，实现监管无死角、风险全覆盖。

二是加强隐私保护。可结合金融领域实际情况加快完善隐私保护手段，引导金融机构对数据的规范应用，如制定完善数据分类、脱敏等方面的规则或标准，研究不同业务可以或限制应用的数据类型，减少数据不当应用造成的隐私泄露。

三是可考虑建立健全算法、模型报备机制。可考虑要求相关从业机构将人工智能模型的主要参数以及相关金融业务的主要逻辑等重要信息报备监管部门，强化留痕管理，提高决策过程的可回溯性，为责任认定提供依据。

四是加强自动中断、人工干预等机制研究探索。建议鼓励金融机构研究建立合理的自动中断机制，减少极端事件发生时人工智能错误决策的可能性。同时，可加强对人工干预机制的探索，研究人工干预的介入条件和有效途径。

五是加强行业协会及产业联盟的作用。可充分发挥行业协会及产业联盟在研发标准、搭建沟通桥梁、促进专业人才队伍建设等方面的作用，推动"产学研用"更深程度融合。比如，可考虑在国家人工智能标准体系框架下，发挥团体标准先行先试作用，以增强技术应用的安全性、合规性和互操作性为重点，逐步建立健全智能金融领域产品服务、行业管理、安全保障等方面的标准规范。

第三章　区块链技术及其在金融领域的应用

第一节　区块链技术概况

一、区块链技术的概念和特点

区块链技术的主要理念是建立分布式共享账本。区块链是分布式数据存储、点对点传输、共识机制、密码学算法等计算机技术在互联网时代的创新应用模式。狭义上，区块链是将数据区块以时序关联方式加密组合的一种链式数据结构。广义上，区块链技术是利用块链式数据结构来验证与存储数据、利用分布式节点共识算法来生成和更新数据、利用密码学的方式保证数据传输和访问的安全、利用由自动化脚本代码组成的智能合约来编程和操作数据的一种全新的分布式基础架构与计算范式①。

区块链技术通过加密算法、共识机制、时间戳、智能合约等手段，在分布式系统中实现点对点交易、协调和协作，可解决集中式结构存在的数据安全、协同效率和风险控制等问题，具有分布式、难以篡改、可追溯、开放性、算法式信任等特点。

分布式。与传统互联网数据集中化存储有所不同，区块链的交易数据

---

① 中国电子技术标准化研究院. 中国区块链技术和应用发展白皮书（2016）［R］. 2016 – 10.

由区块链上的所有参与者通过工作量证明（Proof of Work，PoW）、权益证明（Proof of Stake，PoS）、委托授权的权益证明（Delegated Proof of Stake，DPoS）、实用拜占庭容错（Practical Byzantine Fault Tolerance，PBFT）等约定机制达成共识，通过点对点网络技术链接区块链上各个节点，由每个节点同时存储交易记录的完整账本，共同维护可信的数据账本。

难以篡改。区块链的信息通过共识并添加至区块链后，就被所有的有权节点共同记录，并通过密码学保证前后互相关联，篡改难度与成本较高。

可追溯。区块链通过区块数据结构存储创世区块后的所有历史数据，区块链上的任意一条数据皆可通过链式结构追溯其本源。

开放性。依据不同的权限机制，区块链上存储的交易记录会由其网络中的部分或全部节点共享。

算法式信任。区块链可通过公开、透明的协议及密码学算法增强交易双方的信任关系。

二、区块链技术的应用

区块链技术具有分布式、难以篡改、可追溯、开放性、算法式信任等特点，有助于实现权益确立、交易溯源、隐私保护、自动执行等关键功能。目前，区块链技术已在供应链金融、贸易金融、资产证券化等金融领域以及防伪溯源、数字身份、版权保护等非金融领域的不同场景开展相关应用探索（见图3-1）。区块链分布式、难以篡改的特点，可用于对权益所有者进行确权，提供资产交易基础，如版权交易等。区块链可追溯的特点，可用于防伪溯源场景，如通过与物联网技术相结合，将种植、生产、加工、运输、销售的各个环节关键数据上链，实现对农产品的防伪溯源。智能合约能够承载不同业务逻辑，当达到智能合约中设置的触发条件时会自动执行，可用于航班意外险理赔等保险场景。

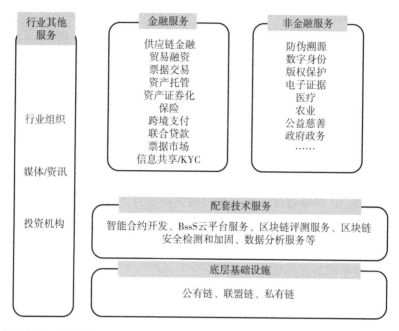

资料来源：自行绘制。

图 3 - 1　区块链相关产业

目前，区块链技术正处在加速演进成熟过程中，总体发展态势向好。瑞士信贷将区块链技术发展分为理念形成、概念验证、原型、试验、生产并行、开始主流应用及被广泛应用七个阶段，并预计区块链技术到 2025 年可被广泛采用。技术咨询公司高德纳（Gartner）在《2019 年区块链技术成熟度曲线》中指出，分布式账本将在 2 年内达到生产成熟期（Plateau of Productivity），区块链、共识机制、智能合约等需要 2 至 5 年，零知识证明、区块链互操作性等则还需要 5 至 10 年。

三、我国区块链产业发展情况

我国区块链产业发展的政策环境良好。中共中央总书记习近平在主持中央政治局第十八次集体学习时强调，区块链技术的集成应用在新的技术革新和产业变革中起着重要作用，要把区块链作为核心技术自主创新的重要突破口，明确主攻方向，加大投入力度，着力攻克一批关键核心技术，加快推动区块链技术和产业创新发展。国务院发布的《"十三五"国家信息化规划》提出，要加强区块链技术基础研发和前沿布局，将区块链技术纳入国家信息化战略。北京、上海、天津、广东、江苏、浙江、重庆、山东、河北、海南、贵州等全国超过30个省市地区出台的相关产业政策和发展规划将区块链技术纳入其中，并在技术应用、人才培养引进等方面给予一定支持（部分见表3-1）。此外，截至2019年5月，全国已成立20余家区块链产业园，多数为政府主导或参与推进。

表3-1　　　　　　　　　　我国区块链相关政策

发布时间	发布部门	相关政策	主要内容
2016年12月	国务院	《国务院关于印发"十三五"国家信息化规划的通知》（国发〔2016〕73号）	强化战略性前沿技术超前布局。加强量子通信、未来网络、类脑计算、人工智能、全息显示、虚拟现实、大数据认知分析、新型非易失性存储、无人驾驶交通工具、区块链、基因编辑等新技术基础研发和前沿布局。
2017年1月	国务院办公厅	《国务院办公厅关于创新管理优化服务培育壮大经济发展新动能加快新旧动能接续转换的意见》（国办发〔2017〕4号）	突破院所和学科管理限制，在人工智能、区块链、能源互联网、智能制造、大数据应用、基因工程、数字创意等交叉融合领域，构建若干产业创新中心和创新网络。
2017年7月	国务院	《国务院关于印发新一代人工智能发展规划的通知》（国发〔2017〕35号）	建设安全便捷的智能社会，促进社会交往共享互信。促进区块链技术与人工智能的融合，建立新型社会信用体系。
2017年8月	国务院	《国务院关于进一步扩大和升级信息消费持续释放内需潜力的指导意见》（国发〔2017〕40号）	鼓励利用开源代码开发个性化软件，开展基于区块链、人工智能等新技术的试点应用。
2018年5月	国务院	《国务院关于印发进一步深化中国（广东）自由贸易试验区改革开放方案的通知》（国发〔2018〕13号）	大力发展金融科技，在依法合规前提下，加快区块链、大数据技术的研究和运用。

发布时间	发布部门	相关政策	主要内容
2019 年 11 月	中共中央 国务院	《中共中央 国务院关于推进贸易高质量发展的指导意见》	推动互联网、物联网、大数据、人工智能、区块链与贸易有机融合，加快培育新动能。
2019 年 1 月	国家互联网信息办公室	《区块链信息服务管理规定》	明确区块链信息服务的概念及相关管理规定。
2019 年 8 月	中国人民银行	《金融科技（FinTech）发展规划（2019—2021 年）》（银发〔2019〕209 号）	积极探索新兴技术在优化金融交易可信环境方面的应用，稳妥推进分布式账本等技术验证试点和研发应用。
2016 年 12 月	北京市金融工作局	《北京市金融工作局、北京市发展和改革委员会〈北京市"十三五"时期金融业发展规划〉》（京金融〔2016〕265 号）	推动金融科技蓬勃发展，鼓励发展区块链技术、可信时间戳认定等互联网金融安全技术。
2017 年 1 月	北京市人民政府	《北京市人民政府〈北京市"十三五"时期现代产业发展和重点功能区建设规划〉》（京政发〔2017〕6 号）	创新发展金融服务业，推动数字普惠金融发展，构建绿色金融体系，探索区块链等创新型技术研究应用。
2017 年 2 月	贵州省大数据发展领导小组办公室	《关于印发贵州省数字经济发展规划（2017—2020 年）的通知》（黔数据领办〔2017〕2 号）	探索推进区块链技术发展应用。建设区块链数字资产交易平台，构建区块链应用标准体系，为资产的数字化流通提供系统支持。
2018 年 2 月	河北省人民政府	《河北省人民政府关于加快推进工业转型升级建设现代化工业体系的指导意见》（冀政发〔2018〕4 号）	打造雄安新区高端高新产业发展核心区，积极培育发展量子通信、太赫兹、区块链等未来产业，打造世界级高端高新产业集群。

续表

发布时间	发布部门	相关政策	主要内容
2018 年 4 月	天津市人民政府	《天津市人民政府关于深化"互联网+先进制造业"发展工业互联网的实施意见》（津政发〔2018〕12 号）	推动产业支撑能力建设，加强技术攻关和标准研究。促进区块链等技术在工业互联网中的应用研究与探索。
2018 年 4 月	中共河北省委、河北省人民政府	《河北雄安新区规划纲要》	发展高端高新产业，围绕建设数字城市，超前布局区块链、太赫兹、认知计算等技术研发及试验。
2018 年 5 月	重庆市人民政府	《重庆市人民政府关于印发重庆市深化"互联网+先进制造业"发展工业互联网实施方案的通知》（渝府发〔2018〕15 号）	推动人工智能、区块链、商用密码等安全技术在工业互联网领域的研发应用。
2019 年 10 月	中国人民银行上海总部	《关于促进金融科技发展支持上海建设金融科技中心的指导意见》（银总部发〔2019〕67 号）	鼓励金融机构创新思维与经营理念、顺应智能发展态势，借助区块链、人工智能、生物识别等技术，依托金融大数据平台，找准突破口和主攻方向，在智慧网点、智能客服、智能投顾、智能风控等金融产品和服务方面进行创新。
2019 年 11 月	中国人民银行上海总部	《金融支持长三角 G60 科创走廊先进制造业高质量发展综合服务方案》	依托先进制造业产业链核心企业，运用区块链技术开展仓单质押贷款、应收账款质押贷款、票据贴现、保理、国际国内信用证等供应链金融创新，提高制造业产业链整体融资效率。
2019 年 11 月	北京市人民政府办公厅	《北京市新一轮深化"放管服"改革优化营商环境重点任务》（京政办发〔2019〕19 号）	推进大数据、人工智能、区块链、5G 等新技术的智能场景应用，在政务科技上取得新突破。

续表

发布时间	发布部门	相关政策	主要内容
2019 年 11 月	重庆市经济和信息化委员会	《关于进一步促进区块链产业健康快速发展有关工作的通知》（渝经信软件〔2019〕3 号）	通过加大区块链企业引进培育力度、推进重点领域区块链技术示范应用等，大力推动重庆市区块链产业发展。

资料来源：自行整理。

我国区块链产业创业热情较高。赛迪区块链研究院调研显示，2016—2018 年间，我国区块链企业数量和产业规模均处于快速增长过程中。截至 2018 年 12 月，除去加密数字货币相关企业、大型企业在各地注册的分、子公司以及不以区块链技术服务为主营业务方向的公司，我国提供区块链专业技术支持、产品、解决方案等服务且有投入或产出的区块链企业共 672 家，区块链产业规模约 10 亿元（见图 3 - 2）。

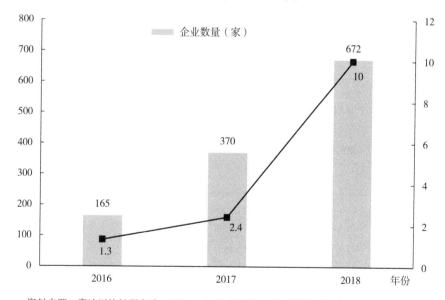

资料来源：赛迪区块链研究院，《2018—2019 中国区块链年度发展报告》。

图 3 - 2　我国区块链企业数量和产业规模

我国区块链技术专利申请数量居世界前列。截至 2019 年 7 月 25 日，全球公开区块链专利的申请数量高达 1.8 万余件。其中，中国在专利申请方面占比超过半数，是美国的三倍之多，但大多处于审查阶段，授权专利多为实用型、边缘性技术的专利，底层技术的创新有待提升。截至 2018 年底，全球 771 件区块链发明专利获得授权，中国占 53 件[①]。

四、区块链技术标准化情况

国际标准化组织积极开展区块链技术相关标准化工作，推动区块链和分布式记账技术术语、概念、参考架构等标准的研制出台。国际标准化组织（ISO）区块链和分布式记账技术委员会（ISO/TC 307）下设 11 个工作组，已发布《区块链和分布式账本技术　区块链和分布式账本技术系统中智能合约的概述和交互》《区块链和分布式账本技术　隐私和个人身份信息保护注意事项》2 项标准，另有在研标准 8 项，涉及区块链和分布式账本技术相关的词汇、参考架构、安全风险和漏洞等。国际电信联盟标准化部门（ITU – T）成立了分布式账本焦点组（FGDLT）、数据处理与管理焦点组（FGDPM）以及法定数字货币焦点组（FGDFC）三个焦点组，开展区块链相关标准化工作，其中分布式账本技术的安全威胁标准（ITU – T X. 1401）等标准研制工作有序推进。

我国也积极参与相关国际标准的研制工作，如关于分类和本体（Taxonomy and Ontology）、参考架构（Reference architecture）的 2 项 ISO 标准以及关于参考架构、技术评估准则等的 6 项 ITU 标准，同时还立项了多项国家标准、行业标准、团体标准。比如，在金融领域，中国人民银行已正式发布《金融分布式账本技术安全规范》（JR/T 0184 – 2020），《金融分布式账本技术应用　技术参考架构》《金融分布式账本技术应用　评价规范》《分布式账本贸易金融规范》等其他由全国金融标准化技术委员会归口管理的标准正在积极研制中，中国互联网金融协会也正在研究推进金融领域区块链应用系统测评规范、区块链跨链协议、区块链开源软件测评和区块链供应链金融应用规范等团体标准研制工作。

---

① 中国信息通信研究院等．区块链白皮书（2019）［R］. 2019 – 10.

第二节 区块链技术在金融领域应用的现状

从国际情况看，英美日等主要国家对区块链技术在金融领域的应用持积极而理性的态度。作为一种全新的数据管理范式及协作模式，区块链技术及其在金融领域的应用得到英国、美国、日本、澳大利亚、俄罗斯、欧盟等全球许多国家和地区的高度重视。在英国金融行为监管局（FCA）开展的监管沙箱中，进入第五阶段的 29 家企业里约有 28% 涉及分布式账本技术。欧盟委员会 2018 年金融科技行动计划将区块链技术纳入其工作重点之一。英国、新加坡、加拿大等国监管部门和中央银行已开展区块链技术相关研究或试验。比如，英格兰银行（BoE）进行一系列升级实时结算系统（RTG）的概念验证，使其与区块链技术兼容。新加坡金融管理局（MAS）开展了 Ubin 项目，探索使用区块链技术进行支付和证券的清结算。加拿大央行的 Jasper 研究项目已完成基于区块链技术处理银行间清结算业务的探索，目前正在进行第三阶段，探索区块链技术与外汇、证券等其他资产结合的潜在益处。区块链在金融领域的应用主要集中在证券交易、支付结算、贸易融资等场景。比如，美国纳斯达克交易所推出了基于区块链的证券交易系统 Linq；澳大利亚证券交易所计划于 2020 年或之后推出基于分布式账本技术的新系统，取代当前结算所使用的电子附属登记系统；日本交易所集团正推进区块链技术在资本市场基础设施领域的概念验证测试；世界银行发行了创建、转让、管理等流程均基于区块链技术的债券 bond‑i，且已实现将其二级市场交易行为记录至区块链上；国际商业机器公司（International Business Machines Corporation，IBM）推出了区块链全球跨境支付平台，可达到准实时跨境支付清算与结算；摩根大通推出名为 JPMCoin 的区块链支付结算工具，提供给白名单企业客户用于财资管理、证券结算等；Facebook 发布了基于区块链的加密货币天秤币（Libra）的白皮书，称 Libra 的使命是建立一套简单的、无国界的货币以及为数十亿人服务的金融基础设施；巴克莱银行完成基于区块链技术的贸易交易，将传统需要耗时 7～10 日的交易处理流程缩短至 4 小时内。

当前，区块链在我国银行、证券、保险和互联网金融等领域的应用已初具条件，部分概念验证应用已催生一定规模的商用产品，并在供应链金融、跨境支付、资产证券化、证券结算、保险等场景中形成了一些落地案例，主要用于改善信息透明度，增强主体间信任，降低争议解决成本，简化对账、结算等业务流程，提高数据利用率及协作效率。根据 A 股上市金融机构 2019 年年报披露信息，至少已有 22 家银行、4 家证券公司和 1 家保险公司开展了区块链相关的研究和应用探索。其中，上市银行主要围绕供应链金融、贸易融资等场景探索区块链应用，在票据交易、跨境支付、多机构对账等场景也已有相关探索，上市证券公司的应用探索以资产证券化场景为主，上市保险公司则探索将区块链应用于降低信息不对称和保险理赔等方面。此外，将区块链应用于航空意外险、互助保险、客户身份识别等方面的探索也已取得一定进展。

一、区块链技术在银行业的典型应用场景

区块链技术在银行业主要应用于多方参与的信用交易、信息传递领域，包括供应链金融、贸易融资、票据交易、资产管理、跨境支付和跨机构对账等场景。

供应链金融。区块链的分布式、算法式信任有助于解决传统供应链中信息分散、信用难以传递的问题。利用区块链难以篡改的特点，有助于确保交易真实性，解除银行对信息篡改的顾虑，降低中小企业融资成本。利用区块链智能合约可编程的特点，可结合企业间资金结算情况，在还款期限、核心企业结款等符合智能合约预设条件时，自动划转还款资金到银行。

=== 案例 3－1 ===

区块链供应链金融解决方案

案例背景。供应链金融是涉及金融机构、核心企业、上下游企业的一种综合金融服务模式。目前，供应链金融在信用评估环节存在银行难以验证交易真实性的问题，额外成本较高，在还款环节银行难以监控供应商、经销商与核心企业的资金结算情况，易出现资金挪用和恶意违约等行为。

技术方案。某金融科技公司推出区块链解决方案，应用高性能底层提

高吞吐量，采用隐私中间件为数据隐私提供安全保证，构建一键部署和管理平台优化用户体验，可实现生产级别的区块链应用。该区块链解决方案已在供应链金融、小微企业贷款平台、黑名单共享、资产平台等多个场景投入使用。在供应链金融方面，通过区块链技术将核心企业、供应商、经销商、物流仓储、银行机构连接起来，在公开透明、多方见证的环境下将核心企业的信用灵活拆分转移，进而在整个供应链条中传递。利用区块链可追溯、分布式的特点，打造信任机制，解决信任问题。此外，贷前严格审查数据来源的真实性，贷后持续跟踪，降低重复融资风险。

实现效果。该区块链解决方案已覆盖交易额超过 12 万亿元，注册机构超 2300 家，全年交易客户逾 1000 家。

贸易融资。贸易融资是银行服务实体经济的重要手段，涉及信息流、货物流和资金流传递，参与方多、交易流程长、信息交互复杂。目前，贸易融资业务流程大多为半手工操作，缺乏统一的信息交互渠道，交易各环节不透明，贸易背景真实性难核实、易篡改，在信息传输、身份认证、数据安全等方面有待完善。通过区块链技术以联盟链的形式建立银行间报文交互网络，同时邀请海关、税务、司法、工商等部门参与。一方面，通过区块链算法式信任提升参与方之间的信任，提高信息透明度和交易效率；另一方面，区块链上每笔交易难以篡改、可追溯的特点有助于银行、监管部门识别贸易背景真实性，跟踪信贷风险。比如，有银行联合推出基于区块链的国内信用证信息传输系统，建立基于区块链技术的信用证信息和贸易单据电子化传输体系，以联盟链形式将银行连接起来，通过相互授信建立头寸管理和轧差机制，实现信用证链上实时写入、读取以及验证，使得开证、通知、交单、承兑、付款的过程更加透明、安全、可追踪。由中国人民银行发起，数字货币研究所和中国人民银行深圳市中心支行建设和运营的中国人民银行贸易金融区块链平台自 2018 年 9 月正式上线试运行以来，已陆续上线"应收账款多级融资""对外支付税务备案表""国际贸易账款监管"三个应用场景，且已实现业务上链 3 万余笔，业务发生笔数 6100 余笔，业务发生量约合 760 亿元人民币。

票据交易。票据交易中，在开票环节存在贸易背景真实性验证难的问题，利用区块链难以篡改的特点将贸易背景信息、开票信息上链，验证贸易背景的真实性，防止票据信息被篡改。在贴现环节存在信用环境薄弱、信息不透明、贴现成本与风险均较高等问题，利用区块链分布式特点，将票据数字化，直接在链中对接金融机构进行融资，将贴现记录存放到链上并广播，后续可直接通过链查询到信息，从而使交易更加透明，融资成本更低。在承兑环节存在票据造假、划款不及时、信用信息搜集不全等问题，利用区块链智能合约自动执行特点，票据到期日在承兑时由持票人向承兑行自动发出承兑申请，承兑完成后只需按照一定规则由第三方完成信息的记录并生成数据区块，确保账实相符，同时完成价值交换，避免承兑逾期问题。

资产托管。资产托管业务是银行作为第三方，接受相关当事人委托，履行委托人相关职责，并对其委托的资产进行安全保管，保障委托人权益的一项业务。在传统资产托管业务中，资产委托方、资产管理方、资产托管方以及投资顾问等参与方各自有信息系统，往往通过邮件、即时通信工具或者电话下达或确认投资指令，业务流程复杂、时间久、成本高，实际工作中还可能发生对已确认的交易抵赖的情况。

案例 3 – 2

区块链资产托管系统

案例背景。为探索解决传统资产托管业务存在业务流程复杂、时间久、成本高等难题，充分利用区块链技术难以篡改、智能合约等方面的特点和优势，开发设计基于区块链的资产托管系统。

技术方案。某银行资产托管系统以区块链的共享账本、智能合约、隐私保护、共识机制为基础，选取资产委托方、资产管理方、资产托管方、投资顾问、审计方五种角色共同参与的资产托管业务场景，通过区块链技术，实现托管业务的信息共享和资产使用情况监督。利用智能合约和共识机制，将资管计划的投资合规校验整合在区块链上，确保每笔交易在满足合同条款、达成共识的基础上完成。利用区块链数据难以篡改和加密认证的特点，确保交易方在快速共享必要信息的同时，实现隐私保护。

实现效果。将资产托管业务上链之后，原有业务环节减少 60% ~ 80%，显著提升了交易效率，审计方和监管方也可快速获取信息，提前干预和管控，提升全面风险管理水平。

二、区块链技术在证券基金业的典型应用场景

资产证券化。区块链技术应用在资产证券化业务中有助于解决业务链条长、效率低下、底层资产信息不透明、各交易方之间缺乏信任、交易环节流程复杂、资产现金流管理和交易效率有待提升等问题。在底层资产形成环节，存在底层资产信息不透明、参与主体缺乏信任等问题，运用区块链分布式特点，每一笔基础资产的真实性可被所有参与主体确认并共享，降低了信息不对称，区块链上的多重签名也可在循环购买的资产支持证券（Asset Backed Securities，ABS）结构中提高交易安全性。在基础资产的转让环节，利用区块链技术完整真实记录资产转让信息，方便追踪资产所有权，防止"一笔多卖"，通过智能合约可实现自动化交易执行，提高资产转让效率。在发行环节，由于业务链条较长，需多方协作，效率较低，运用区块链技术可实现多方共识，从而降低增信环节的转移成本，提高交易透明度，通过智能合约可自动实现跨多主体间的证券产品交易，提升发行效率。在基础资产的存续期监控环节，存在信息披露不充分的问题，利用区块链开放性与共享性，在区块链上记录每笔资产及其逾期早偿情况，对整个资产池的存续期进行跟踪和监控，方便数据分析和处理。在二级市场的证券交易环节，利用区块链的分布式特点将 ABS 持有人记录在区块链上，投资者可共享 ABS 的底层资产状况，为 ABS 交易提供透明安全的交易平台，满足监管和审计要求，一定程度上解决流动性不足、效率低、监管困难等问题。

═══ **案例 3 - 3** ═══

区块链 ABS 云平台

案例背景。资产证券化业务链条长、参与主体多，在资产形成、发行、存续、交易等环节往往存在效率低、信息不对称等问题。

技术方案。某金融科技公司 ABS 云平台利用区块链技术，采用面向多权限的数据安全保障机制，结合分链、多通道技术以及共识节点负载均衡的底层架构，提高系统处理并发数，保障各个业务参与方的数据和信息安全。该系统设置了三个验证节点，底层资产池中每笔贷款的申请、审批、

放款等资金流转都通过区块链由各个验证节点共识完成。在底层资产生成过程中，资产方、资金方、特殊目的机构（Special Purpose Vehicle，SPV）方各掌握一把私钥，一旦一笔借款通过投资决策引擎审核，完成放款后就会形成实时返回交易流水的唯一凭证，并写入区块链中，即完成了一笔贷款资产的入链，从而保证了金融服务公司的底层资产数据真实性，且难以篡改。同时，各家机构间的信息和资金通过区块链保持实时同步，解决了机构间对账问题。

实现效果。该金融科技公司 ABS 云平台已与某融资租赁公司合作完成发行一单全程基于区块链技术的汽车融资租赁 ABS 项目。此外，该 ABS 云平台每天管理资产规模达数千万笔，单项证券化产品管理资产规模平均超百万笔。

三、区块链技术在保险业的典型应用场景

保险理赔。常见的保险业务包括财产保险、意外伤害保险、健康保险、人寿保险等，保险人依据与投保人的合同约定，在发生特定事件或满足特定条件的情况下，向被保险人或其受益人支付保险金。保险的核赔环节往往需要在多家机构之间进行保险信息的核实，以降低保险欺诈的风险。在处理理赔案件时，数据的收集评估主要由人工完成，需协调不同的数据源和客户，整个流程环节多、效率低，出错概率较高。应用区块链技术可解决保险业务中数据传递效率低、理赔环节流程长的问题，提升数据透明度和交换效率，而通过智能合约自动执行，可提升理赔理算工作效率。

再保险交易。再保险流程较为复杂，交易双方存在信息不对称。传统技术条件下，正式签约前双方需花费较长时间沟通，数据需在多方之间交换，交易流程长，操作风险高。通过区块链记录再保险数据有助于降低信息不对称，提高交易信息透明度。利用可编程的智能合约自动化关联和执行相关业务流程，优化再保险交易规则，可缩短承保和理赔流程，降低人工操作成本和操作风险。利用区块链难以篡改、交易可追溯的特点，有助于提升交易的安全可信性，减少交易纠纷。

四、区块链技术在互联网金融及其他的典型应用场景

跨境支付。应用区块链技术，有助于解决跨境支付中时间长、手续烦琐的问题，在跨国收付款人之间建立直接交互，简化处理流程，实现实时结算，提高交易效率，降低业务成本。在了解你的客户（Know Your Customer, KYC）环节，机构对客户信息和支持文件真实性方面的控制力和辨识水平差异较大。利用区块链技术难以篡改的特点，建立付款人和银行、转账服务商之间的信任，通过智能合约记录收款人之间转账行为的权利义务关系，可提升业务流程效率。在资金转移环节，通过 SWIFT 业务模式成本高、耗时长；通过代理模式需进行逐笔信息验证，容易产生差错，导致拒绝率较高；银行需在往来账户中留存资金，提高机会成本和对冲成本。利用区块链分布式特点，监管部门可进行实时交易监控，通过智能合约接收反洗钱预警和提示。同时，利用区块链智能合约传输付款人身份、汇率、转账金额、日期和时间、付款条件等信息，可实现实时转账，无须代理行参与，降低中间成本。在交易后环节，区块链中相关交易记录可查询、可溯源，能够满足监管合规要求。

═══ **案例 3 – 4** ═══════════════════════

基于区块链的电子钱包跨境汇款服务

案例背景。跨境汇款属于跨区域跨机构业务，在传统业务模式和技术条件下，存在中间环节较多、过程复杂、手续费高、耗时较长等痛点。

技术方案。某金融科技公司应用区块链技术，实现银行和第三方支付机构等之间的跨机构协同，同时提供给所有参与方一个统一的业务账本和视图，从原先逐个节点确认传递的汇款模式，改变为业务节点实时同步并行确认，提升交易效率。在汇出端钱包发起汇款的同时，所有参与方同时收到该信息，审核后由区块链上各方协同完成汇款交易。如果转账过程中出现问题，会实时反馈至汇款者。通过区块链智能合约的自动执行，降低了金融机构的操作、合规和对账成本，能够更高效地实现汇率的测算和报价，保障汇率更优。采用联盟链以及哈希算法，用户隐私信息能得到更全

面的保障。监管部门可对个人跨境汇款链路进行实时、全程监测，提高监管的时效性和有效性。

实现效果。汇款时间从几天缩短为 3~6 秒，可提供 7×24 小时不间断服务，且减少业务流程中的人工处理环节。

联合贷款对账。传统的联合贷款交易和资金结算是分开的，金融机构间的传统对账工作主要分为对账资料打印、发送对账资料、收回对账资料和账务核对、对账资料归档等流程，人工环节较多，流程较为繁杂。交易完成后，双方无法确认整个数据的真实性，对账成本较高。通过区块链技术将所有信息都记录在链上，在实现防篡改功能的同时，还可通过共识机制达到实时清算。

案例 3−5

基于区块链的联合贷款备付金管理及对账平台

案例背景。某银行贷款采用同业合作和联合贷款模式向客户发放贷款，新发放的贷款中，80% 的贷款资金由合作金融机构提供，随着合作金融机构的增加，数据交换量大幅增加，清算对账等中后台工作也随之增加。

技术方案。该银行在联盟链底层技术基础上，打造了联合贷款备付金管理及对账平台的应用场景，在不修改当前业务系统现有逻辑的情况下，新增一个区块链系统进行旁路记账，将交易流水、资金流水和备付金流水等联机写入区块链系统。系统分布在该银行和合作银行之间，包括支付相关模块、交易模块、交易流水上链模块、区块链模块、记账模块、监控告警模块等。银行之间的备付金划拨依旧通过人行支付系统完成，在同业合作业务的系统完成对用户的交易流程后，将交易明细通过交易流水旁路上链模块发送到区块链上。使用虚拟机运行和验证交易逻辑，生成区块，并通过共识算法、点对点网络广播等技术，将数据同步连接到此系统中的所有区块链应用节点，保证准确性和一致性。合作银行可实时查看相关账户的当前余额、当日资金划出划入总金额等，按天查看经过对账后的每日汇总信息及流水对账结果以及对账异常的详细信息等。

实现效果。机构间对账流程缩短至数秒，实现了 T+0 日准实时对账。

自上线以来，平台运行稳定，一些银行相继加入，记录的真实交易笔数达到千万量级。

供应链综合金融服务。供应链相关业务由于参与主体较多、链条环节较长，链上企业尽管可通过应收账款、订单融资等方式获得资金，但识别其信用情况、欺诈违约风险的难度仍然较高。应用区块链技术，可实现记录订单数据的保全保真，并进一步为链上企业提供综合金融服务。

案例 3-6

区块链云平台

案例背景。供应链相关业务中，小企业对交易的核心需求包括支付结算、现金管理和在线融资等，还对上下游的生产、库存、销售、资信及财务状况等信息均有不同程度的需求。此外，存在账期长、融资"难、慢、贵"的问题，在对账、收款确认和收款核销方面也存在困难。

技术方案。某金融科技公司发布的区块链云平台，可向企业提供融资和现金管理的综合供应链解决方案，包括供应链金融、应付账款管理、资金流预测、企业理财等产品和服务。区块链云平台结构包括运行支撑层、核心技术层、基础服务层、接入管理和安全管理等，具有身份管理、链管理、合约管理、权限管理、运维管理等功能。在该金融科技公司与某钢铁电商的合作中，企业在电商平台提出借款申请，需要先有区块链上存储的钢材采购订单，通过对订单、应收账款、物流、发票等流程的绑定，形成一个无纸化、标准化的贷款申请。区块链云平台同步获取电商平台的数据后，风控系统将对债权授信进行评测，自动计算贷款额度和资金成本，客户接受即可放款。在放款后，会持续跟进订单发票和付款状态，关注订单环比增长率等数据，保证贷款的最终收回。对于电商平台写入区块链的数据，该金融科技公司会长期监测并及时分析其数据状态（见图3-3）。

实现效果。该钢铁电商上下游企业在提出融资申请后，相关信用审核的流程简化，从融资申请到放款最快只需5分钟。

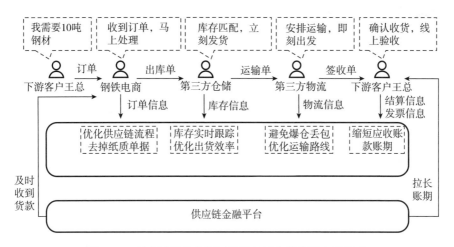

图 3 - 3 某金融科技公司区块链云平台供应链金融模式

票据市场。传统票据市场中，交易环节存在假票、克隆票等问题，结算环节成本高、效率低，风控环节数据穿透性弱、监测难度大。利用区块链难以篡改的特点，有助于解决交易环节中的假票、克隆票的问题。利用区块链分布式特点，可提高结算效率，降低系统记账损耗。利用区块链开放性特点，在提升隐私保护的同时，有助于实现穿透式市场监测。

=== **案例 3 - 7** ===

基于区块链的数字票据交易平台

案例背景。票据具备支付和融资双重功能，具有价值高、承担银行信用或商业信用等特点，票面信息和交易信息必须完整且不可篡改。与一般的金融交易相比，票据交易金额一般较大，其安全性要求更高。

技术方案。数字票据交易平台是某票据交易所基于区块链技术对数字票据交易平台进行改造和完善。数字票据交易平台实验性生产系统使用数金链（Smart Draft Chain，SDC）区块链技术，通过采用同态加密、零知识证明等密码学算法设计，构建了可同时实现隐私保护和市场监测的看穿机制。通过实用拜占庭容错协议（PBFT）进行共识。采用可视化的数据监测平台，实现对区块链系统、业务开展、主机网络等运行情况的实时监控。采用 SM2（椭圆曲线公钥密码算法，一种非对称加密算法）国密签名算法进行区块链数字签名。为参与银行、企业分别定制了符合业务所需的密码学设备，包括高安全级别的加密机和智能卡，并提供软件加密模块，从而提高开发效率。

实现效果。部分银行已在数字票据交易平台实验性生产系统之上顺利完成基于区块链技术的数字票据签发、承兑、贴现和转贴现业务。

信息共享与客户身份识别。跨行业、跨机构的风险信息共享成本高、难以实现多方互信以及信息同步，存在数据信息被篡改、难以追溯等问题。区块链技术的分布式特点和共识机制，能够实现区块链节点的机构间风险信息互联互通，提高数据的真实可信性。另外，通过分布式存储提高数据安全性，实时执行监管指令，提高监管效率。比如，有金融机构与金融科技公司合作构建了基于区块链技术的风险信息共享平台，借助分布式数据共享协议，实现机构间一对一的独立数据加密传输，利用智能合约，量化共享数据的质量、价值和使用资格，有助于实现开放、公平的数据分享。目前该平台已基本上线，可支持千万级数据量的实时风险信息共享查询需求。某保险交易所构建的区块链保险服务平台，在保险行业内部及上下游产业链之间，可以实现基于区块链的市场信息共享，解决保险行业信息不对称、赔付效率低等问题，减少保险交易摩擦。某商业银行推出基于区块链技术的KYC实施方案，通过构建银行内部客户信息区块链以及跨行客户信息区块链，解决当前银行客户历史留存信息与真实信息不匹配、不同银行或同一银行的不同业务线中的客户留存信息不一致、银行之间缺乏信息共享等痛点，在保护个人隐私的前提下，实现数据互联互通。

第三节　区块链技术在金融领域应用的风险、挑战与展望

一、区块链技术在金融领域应用的风险

安全稳定性问题。一是区块链对失效或恶意节点数量的承受能力存在极限值，如在工作量证明机制下会存在"51%攻击"的风险，在区块链节

点数量较少或较集中的情况下（如小规模的联盟链），可能会因参与方的运维能力差异而产生运维事故，导致故障节点数量超出区块链网络所能承受的容错极限。二是区块链智能合约存在不确定性及安全隐患，如果出现错误或恶意代码，同步执行的合约可能在金融生态系统中造成对抗效果和不可预见的行为风险，且一旦出现漏洞或错误后，无法像中心化系统那样通过关闭系统进行修复。此类事件已在一些区块链项目（如 The DAO①）中出现。此外，新加坡国立大学和伦敦大学研究人员通过对以太坊上约 97 万份智能合约的评估研究发现，约有 34 万份合约存在程序漏洞。

隐私泄露风险。区块链对网络中的有权参与者公开透明的特点，使得金融消费者交易数据、地址、身份等敏感信息缺乏隐私保护，增加隐私泄露风险。同时，用于隐私保护的密码学新技术尚不成熟，如组合环签名、零知识证明、同态加密等技术容易导致数据膨胀、性能较低等问题，目前尚难以大规模实际应用。

责任主体难认定。在现阶段，区块链智能合约的法律有效性尚未完全得到认可，存在法律上的不确定性风险，并可能导致金融欺诈、黑客盗窃等恶性事件。由于区块链网络由多个参与方共同维护，一旦出现服务中断等故障而引发经济损失，难以厘清责任归属。对于跨国家、跨司法管辖部署的区块链应用，法律责任认定和追责将更加困难。

合规风险。基于区块链技术的金融业务可能会带来新的法律合规风险，如智能合约的法律效力、数字资产在区块链上的权利归属等。由于区块链的分布式、难以篡改、多方共同维护等特点，会带来当前中心化监管手段与区块链分布式机制整合问题，而加密共识会对金融消费者保护和反洗钱带来挑战。

二、区块链技术在金融领域应用的挑战

底层技术有待发展成熟。一方面，与现有技术体系的融合集成还存在

---

① 区块链物联网公司 Slock.it 发起的一个众筹项目，曾于 2016 年 6 月因代码漏洞而遭受黑客攻击。

一定困难，主要体现在开发效率较低、可扩展性较差、数据结构化程度低、升级维护不灵活等方面。另一方面，区块链技术通过大量的冗余数据和复杂的共识算法提升安全可信水平，金融业务需求的增加将导致系统处理量更大幅度的增加并加剧参与节点在信息存储、同步等方面的负担，在现有技术环境下势必导致系统性能和运行效率下降。

技术依赖问题需要更加重视。对国外开源程序的广泛应用可能导致技术依赖，且代码托管平台等开源服务相关方也需遵守注册地等相关司法辖区的法律法规要求，在贸易保护主义抬头的背景下可能阻碍我国区块链技术的健康持续发展。比如，GitHub 在其使用条款中明确规定不得使用GitHub 违反美国或其他适用司法辖区的出口管制或制裁法律。

缺乏统一的金融领域应用标准。区块链技术在金融领域仍缺乏成熟的标准体系，金融机构技术选型缺少标准规范和权威第三方评估意见作为参考，不利于区块链技术发展和项目应用的落地，一些应用甚至难以达到传统数据库技术的效率水平，还可能导致各区块链平台之间的互操作性水平较低，不同区块链间的信息交互、融合存在障碍。

三、区块链技术在金融领域应用的展望

随着区块链技术进一步发展成熟，其在金融领域的应用价值将得到进一步体现。一是随着区块链技术不断迭代更新，吞吐量和存储能力得到进一步提升，安全稳定、业务连续性等问题得到较好的解决，将为区块链技术在金融领域大规模应用提供支撑。二是将 PoW、PoS 和以 PBFT 为代表的拜占庭容错（Byzantine Fault Tolerance，BFT）类共识有机结合，构建兼具几者优点、避免各自缺点的新型混合共识方案或将成为新的突破方向。三是通过跨链技术满足不同区块链间的资产流转、信息互通、应用协同，提高链之间的互操作性，实现价值和数据的交换。

区块链技术与云计算、人工智能等技术融合互补的潜力进一步提升。基于云计算技术的区块链开放平台模式能够进一步提升金融机构对于区块链技术的可得性。未来，将有更多大型金融机构和技术实力较强的互联网金融机构对外提供开放的区块链平台服务，降低中小金融机构自主开发成

本，提高服务可得性。区块链技术与人工智能技术的结合，有助于提高金融数据的安全性和可信度。区块链分布式、开放性、信息难以篡改等特征，可弥补人工智能应用中存在的数据共享、数据安全等问题，而人工智能为区块链提供更强的拓展场景与数据分析能力，有助于识别和降低欺诈风险，进一步提升可信度。

区块链在金融领域的应用向着多中心的强信任体系发展，并更加注重做好金融消费者隐私保护。由联盟链内的节点共同制定区块链技术的应用标准，形成多中心的强信任体系，提升数据安全水平，将成为区块链技术在金融领域应用的重要趋势之一。从技术和机制等方面共同加强金融消费者隐私保护，实现交易敏感信息保护与记账节点验证交易合法性的平衡。通过采用零知识证明、承诺、证据不可区分等密码学原语和方案，可实现交易身份及内容隐私保护。通过采用同态加密方案或安全多方计算方案，可实现交易内容的隐私保护。未来，区块链技术在金融领域的应用将着重探索完善基于环签名、群签名等密码学方案的隐私保护机制、基于分级证书机制的隐私保护机制等。

第四节　推进区块链技术在金融领域应用的对策建议

政策监管层面，建议加强研究跟踪，立规制促合规。一是加强研究，密切跟踪，坚持"凡是金融活动都应纳入监管"的原则，严格落实国家互联网信息办公室《区块链信息服务管理规定》等相关监管规定，并执行技术中立原则，引导金融机构和技术企业共同推动区块链技术在金融领域的可靠、可控、可信应用。二是充分利用包括区块链技术在内的监管科技加强监管能力建设，提升监管效能，同时加强地方政府及金融管理部门人员区块链普及教育，逐步建立起与区块链技术发展相适应的监管体系。三是密切关注加密货币可能带来的跨境资金流动、恐怖融资、洗钱和逃税等问题，持续跟踪国际监管动态，积极参与相关跨境监管规则与标准的研究和制定。四是对于有违技术发展规律和损害金融秩序的不法行为和乱象，应保持高压态势，持续采取措施重拳打击，坚决遏制歪风邪气，并切实引导将区块链技术发展与此类乱象有效切割。

行业组织层面，建议搭建平台桥梁，研标准防风险。一是搭建汇聚政产学研用各界资源的有效平台，开展热点难点问题研究，持续关注国际发展动态和金融应用成果，探索对区块链在金融领域应用及相关责任主体开展服务实体经济价值、合法合规性、安全规范性、运营稳健性等方面的评议评估，推动成果经验应用推广。二是按照"共性先立，急用先行"原则，围绕技术发展和业务场景关键环节，以技术安全、业务合规和金融消费者权益保护为重点，推动完善区块链技术在金融领域应用的基础术语、安全规范、应用评估等标准规范，逐步完善区块链技术和应用标准体系，促进各方对区块链技术达成共识。三是强化基础设施建设，发挥行业自律作用，聚焦于区块链技术在供应链金融、签约存证等具体场景中的应用痛点，探索建立满足信息跨链共享、存证权威可信等行业需求的信息基础设施。四是切实加强公众教育，使公众能够正确认识和客观理解区块链技术，对缺乏理性、跟风炒作现象适时进行风险提示，不断强化公众风险意识和自我保护观念，远离各类打着区块链技术创新旗号的非法金融活动。

从业机构层面，建议探索核心技术，抓应用推场景。一是扎实练好内功，结合自身技术基础与发展定位，深入研究区块链应用及底层技术，推进区块链底层平台的持续优化，加大区块链人才培养力度，加快形成自主创新体系，不断实现区块链核心技术突破。二是充分考量金融业务场景实用性，合理建立激励机制和商业模型，做好产品技术验证和项目推广，逐步走出实验室测试和内部试点，在依法合规前提下探索推动区块链技术在金融领域应用的商业落地。三是稳步提高技术自主可控能力，综合运用产业支持政策、税收优惠政策等措施，促进金融领域关键信息基础设施国产化，切实提高技术可靠性，加强"链上"金融业务风险抵御能力。四是坚持走正道，充分考虑监管要求和法律适用问题，结合业务和技术发展实际，开展合规审慎经营，持续提升风险防范的意识和能力，做到风险管控安排与产品服务创新同步规划、同步实施。

第四章　云计算技术及其在金融领域的应用

第一节　云计算技术概况

一、云计算技术的概念和特点

云计算技术的主要理念是资源共享与弹性调配。美国国家标准与技术研究所（National Institute of Standards and Technology，NIST）提出[①]，云计算技术提供了随时随地、方便快捷、按需获取的可配置计算资源共享池，如网络、服务器、存储、应用和服务，以低维护成本快速供给计算资源。

云计算技术的服务类别一般分为三种。根据云服务供应商提供的资源类型不同，服务类别一般分为基础设施即服务（Infrastructure as a Service，IaaS）、平台即服务（Platform as a Service，PaaS）、软件即服务（Software as a Service，SaaS）。在 IaaS 模式下，云服务供应商向客户提供虚拟计算机、存储、网络等计算资源，提供访问云计算基础设施的服务接口。在 PaaS 模式下，云服务供应商向客户提供的是运行在云计算基础设施之上的软件开发和运行平台。在 SaaS 模式下，云服务供应商向客户提供的是运行在云基础设施之上的应用解决方案。

云计算技术的部署模式一般分为四种。根据用户类型、云资源归属和

---

① NIST. The NIST Definition of Cloud Computing, 2011－09.

控制方的不同，云计算部署模式一般分为公有云、行业云（社区云）、私有云和混合云。公有云模式下，云服务可被任意云服务用户使用，且资源由云服务供应商控制。行业云模式下，云服务仅由一组特定的云服务用户使用和共享，这组云服务用户的需求相近，资源由组内云服务用户控制或云服务供应商控制，并且提供者和使用者在监管政策、安全要求等方面相同或高度相似。私有云模式下，云服务仅被一个云服务用户使用，且资源由该云服务用户控制。混合云模式下，至少包含以上两种不同云计算部署模式。

云计算技术的主要特点是物理资源池化。通过部署虚拟机或容器等系统级软件，以及 OpenStack①、PBS② 等分布式集群管理软件，服务器物理资源可被抽象成逻辑资源，形成可动态管理的资源池，从而实现高效复用。

一方面，物理资源池可组成集群。通过部署虚拟化软件，可实现由几十万台、上百万台服务器组成的集群协同完成同一数据处理任务，数据处理能力提升对计算、传输、存储等资源的需求可通过扩充集群设备规模满足，而不再仅仅依赖于超高速计算机等硬件设备的升级。

另一方面，物理资源池可分布部署。虚拟化软件也可将一台服务器分割为几台甚至上百台相互隔离的虚拟服务器，同时运行不同的应用或服务。通过并行编程技术将一个任务分成多个子任务，可在不同虚拟服务器并行处理海量数据，用户可根据负载和需求变化弹性选择所需虚拟服务器数量。

二、云计算技术的应用情况

云计算技术强调用户主导、需求驱动、按需服务、即用即付，可为用户提供超大、快速、弹性、低成本的计算能力，解决 IT 系统建设成本高、数据处理效率低、产品上市周期长等痛点。

---

① 开源云计算管理平台项目，由数个主要组件协同完成具体工作。
② 一种分布式集群管理软件，广泛应用于集群、超级计算和云计算环境。

从应用场景看，云计算技术应用正在从互联网行业向多个传统行业加速渗透。从我国情况来看，随着"互联网＋"行动的积极推进，云计算技术正在向政务、金融、工业、轨道交通等领域的应用场景渗透。其中，政务领域是云计算应用相对成熟的领域，目前全国超九成省级行政区和七成地市级行政区均已建成或正在建设政务云平台。金融行业是云计算深化应用的重要突破口，《中国金融业信息技术"十三五"发展规划》要求加强金融业云计算应用政策研究和引导，研究制定风险评价、准入及退出机制、数据安全保护、业务连续性管理以及风险安全防控等政策，营造金融业云计算应用发展的良好环境。工业云是推动"两化"深度融合、发展工业互联网的关键抓手，在国家政策的指引下，全国各地方政府纷纷推出工业云发展规划。轨道交通信息化已成为国家信息化重要布局，轨道交通云正处于蓬勃发展、方兴未艾的关键时期。

从产品服务类型看，云计算技术已覆盖从底层到应用层的多层次产品服务。目前，云计算技术已在计算、存储、网络、安全、大数据、人工智能等方面提供了基础设施服务，并已开发出通用解决方案、开发和运维（Development and Operations，DevOps）解决方案以及金融、工业等行业解决方案。从全球范围来看，包括云专机、存储服务在内的 Iaas 服务市场快速增长，其主要服务类型为计算类服务。以应用设计、应用开发为代表的 PaaS 服务市场稳定增长，其中，数据库服务需求增长较快。SaaS 市场增长放缓，其主要服务类型为客户关系管理（Customer Relationship Management，CRM）、企业资源计划（Enterprise Resource Planning，ERP）和办公套件等。

三、我国云计算产业发展情况

总体来看，我国云计算产业已从概念导入进入广泛普及、应用活跃的新阶段。目前，我国已形成云计算服务业、基础设施服务业、云计算制造业和云计算支持产业等相关生态（见图 4 - 1），产生了一批具有影响力的企业，并在大规模并发处理、海量数据存储、数据中心节能等关键技术领域取得突破。

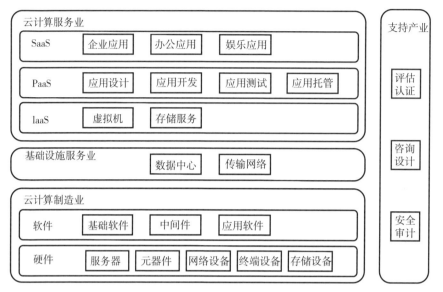

资料来源：自行绘制。

图 4 - 1   云计算产业体系构成

从国际比较看，我国云计算市场整体规模依然较小，但潜力巨大。就细分领域而言，国内 IaaS 市场处于高速增长阶段，以阿里云、腾讯云、UCloud 为代表的厂商不断拓展海外市场，并开始与亚马逊云服务平台（Amazon Web Services，AWS）、微软等国际巨头展开正面竞争。国内 SaaS 市场成熟度有待提高，尚缺乏行业领军企业，市场规模偏小。

从政策环境看，我国陆续出台多项促进云计算发展的支持政策。2010年以来，我国支持云计算发展的各项政策陆续出台（见表 4 - 1），主要聚焦于产业发展、标准制定、技术融合创新、安全管理等方面，不断促进云计算从概念转向实际应用。

表 4 - 1   促进云计算发展的相关政策

发布时间	发布部门	政策文件	主要内容
2012 年 7 月	国务院	《国务院关于印发"十二五"国家战略性新兴产业发展规划的通知》（国发〔2012〕28 号）	突破云计算等新一代信息技术，推进技术创新、新兴应用拓展和网络建设的互动结合。

续表

发布时间	发布部门	政策文件	主要内容
2015 年 1 月	国务院	《国务院关于促进云计算创新发展培育信息产业新业态的意见》（国发〔2015〕5 号）	加快发展云计算，打造信息产业新业态，推动传统产业升级和新兴产业成长，培育形成新的增长点，促进国民经济提质增效升级。
2015 年 7 月	国务院	《国务院关于积极推进"互联网＋"行动的指导意见》（国发〔2015〕40 号）	探索推进互联网金融云服务平台建设，探索互联网企业构建互联网金融云服务平台。
2016 年 7 月	国务院	《国务院关于印发"十三五"国家科技创新规划的通知》（国发〔2016〕43 号）	发展新一代信息技术，重点包括云计算等技术研发及应用。
2010 年 5 月	国家发展和改革委员会办公厅	《国家发展改革委办公厅关于当前推进高技术服务业发展有关工作的通知》（发改办高技〔2010〕1093 号）	发展面向市场的高性能计算和云计算服务，开展物联网和下一代互联网应用服务，重点在金融领域开展物联网特色服务示范。
2010 年 10 月	国家发展和改革委员会、工业和信息化部	《国家发展改革委 工业和信息化部关于做好云计算服务创新发展试点示范工作的通知》（发改高技〔2010〕2480 号）	组建全国性云计算产业联盟，形成云计算创新发展合力，抓紧制定云计算创新发展实施方案，包括发展思路、发展领域、发展目标、主要任务和政策措施等内容。
2015 年 10 月	工业和信息化部办公厅	《工业和信息化部办公厅关于印发〈云计算综合标准化体系建设指南〉的通知》（工信厅信软〔2015〕132 号）	明确云计算综合标准化工作的指导思想，提出建设云计算标准规范体系的要求。

续表

发布时间	发布部门	政策文件	主要内容
2015 年 11 月	工业和信息化部	《工业和信息化部贯彻落实〈国务院关于积极推进"互联网+"行动的指导意见〉的行动计划》（2015—2018 年）（工信部信软〔2015〕440 号）	提升"云计算+大数据"综合支撑能力。
2016 年 12 月	工业和信息化部	《软件和信息技术服务业发展规划（2016—2020 年)》（工信部规〔2016〕425 号）	加快云计算快速发展和融合创新，进一步重塑软件的技术架构、计算模式、开发模式、产品形态和商业模式。
2017 年 4 月	工业和信息化部	《工业和信息化部关于印发〈云计算发展三年行动计划（2017—2019 年)〉的通知》（工信部信软〔2017〕49 号）	持续提升关键核心技术能力，加快完善云计算标准体系，深入开展云服务能力测评。
2017 年 6 月	中国人民银行	《中国金融业信息技术"十三五"发展规划》（银发〔2017〕140 号）	加强金融业云计算应用政策研究和引导，研究制定风险评价、准入及退出机制、数据安全保护、业务连续性管理以及风险安全防控等政策，营造金融业云计算应用发展的良好环境。
2018 年 8 月	工业和信息化部	《推动企业上云实施指南（2018—2020 年)》（工信部信软〔2018〕135 号）	统筹协调企业上云工作，组织制定完善企业上云效果评价等相关标准，指导各地工业和信息化主管部门、第三方机构等协同开展工作。
2019 年 8 月	中国人民银行	《金融科技（FinTech）发展规划（2019—2021 年)》（银发〔2019〕209 号）	合理布局云计算。统筹规划云计算在金融领域的应用，引导金融机构探索与互联网交易特征相适应、与金融信息安全要求相匹配的云计算解决方案，搭建安全可控的金融行业云服务平台，搭建集中式与分布式协调发展的信息基础设施架构，力争云计算服务能力达到国际先进水平。

资料来源：自行整理。

从应用市场看，我国云计算技术应用需求不断扩大，各细分市场规模均快速增长。中国信息通信研究院数据显示，2018 年我国云计算整体市场规模达 962.8 亿元，增速 39.2%。其中，公有云市场规模达 437.4 亿元，同比增长 65.2%，预计 2019—2022 年仍将保持快速增长态势，到 2022 年市场规模将达 1731.3 亿元。私有云市场规模达 525.4 亿元，同比增长 23.1%①，预计未来几年将保持稳定增长，到 2022 年市场规模将达 1171.6 亿元（见图 4 - 2）。2018 年，云计算相关的运营服务（包括在线软件运营服务、平台运营服务、基础设施运营服务等）收入超过 10419 亿元，同比增长 21.4%②。

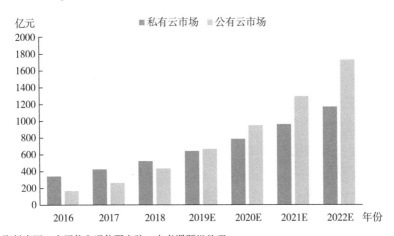

资料来源：中国信息通信研究院，本书课题组整理。

图 4 - 2　我国云计算市场规模

当前，IaaS 依然是我国公有云市场中的主要服务类别。2018 年，公有云 IaaS 市场规模达 270.4 亿元，同比增长 81.8%。PaaS 市场整体规模相对较小，2018 年仅为 21.8 亿元，同比增长 87.9%，且未来几年仍将保持较高增速。SaaS 市场规模达 145.2 亿元，同比增长 38.9%（见图 4 - 3）。

我国云计算技术实力不断增强，专利申请数量位居世界前列。根据德国专利数据公司 IPlytics 于 2018 年 11 月发布的统计数据，我国云计算专利申请数达 69489 件，占全球云计算专利申请总数的 10% 以上，仅次于美

---

① 中国信息通信研究院. 云计算发展白皮书（2019 年）［R］. 2019 - 07.

② 工业和信息化部. 2018 年软件和信息技术服务业统计公报［R］. 2019 - 02.

国，位居全球第二①。

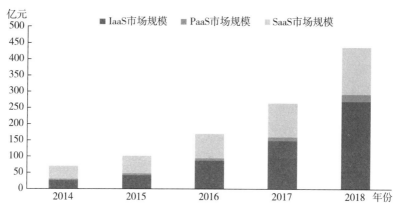

资料来源：中国信息通信研究院，本书课题组整理。

图 4－3　中国公有云细分市场规模

四、云计算技术标准化情况

国际上，国际标准化组织、国际电信联盟等组织均已开展云计算相关国际标准研究工作。已发布的标准主要集中在基础概念、参考架构等方面（见表4－2），多数机构已将业务迁移和安全列为重要标准化工作方向。

表 4－2　　　　　　　　　　国际云计算标准编制情况

发布时间	发布机构	标准名称	主要内容
2013 年	国际电信联盟	云计算框架及高层需求（TU－TY.3501）	界定云计算基本框架，明确云计算服务和资源方面的应用案例和高层需求。
2014 年	国际标准化组织	信息技术　云计算　概述和词汇（ISO/IEC 17788：2014）	定义云计算相关基础术语。
2014 年	国际标准化组织	信息技术　云计算　参考架构（ISO/IEC 17789：2014）	明确云计算参考架构。

———————————

① http：//www.iplytics.com/general/recent－patent－trends－cloud－computing/，发布日期：2018 年 11 月 22 日。

发布时间	发布机构	标准名称	主要内容
2016 年	国际标准化组织	信息技术 云计算 服务水平协议（SLA）框架第1 部分：概述和概念（ISO/IEC 19086－1：2016）	试图建立一组可用于创建云服务水平协议（SLA）的通用组块（概念、术语、定义、上下文）。
2017 年	国际标准化组织	信息技术 云计算 云服务和设备：数据流、数据类别和数据使用（ISO/IEC 19944：2017）	描述了由云服务、云服务客户、云服务用户及其设备之间相关数据流组成的生态系统。
2017 年	国际标准化组织	信息技术 云计算 服务水平协议（SLA）框架第3 部分：核心一致性要求（ISO/IEC 19086－3：2017）	指定了云服务水平协议（SLA）的核心一致性要求以及有关核心一致性要求的指南。
2017 年	国际标准化组织	信息技术 云计算 互操作性和可移植性（ISO/IEC 19941：2017）	指定了云计算互操作性和可移植性类型以及用于讨论互操作性和可移植性的通用术语和概念。
2018 年	国际标准化组织	信息技术 云计算 多源数据处理的信任框架（ISO/IEC TR 23186：2018）	描述了一个用于处理多源数据的信任框架。
2018 年	国际标准化组织	云计算 服务水平协议（SLA）框架第2 部分：度量模型（ISO/IEC 19086－2：2018）	建立了通用术语，定义了一个云服务水平协议（SLA）的计量模型，还包括模型的应用实例。
2019 年	国际标准化组织	信息技术 云计算 政策制定指南（ISO/IEC TR 22678：2019）	提供了关于以国际标准为工具制定云服务和云服务提供商相关管理政策的指导。
2019 年	国际标准化组织	云计算 服务水平协议（SLA）框架第4 部分：个人身份信息安全和保护的组件（ISO/IEC 19086－4：2019）	指定了用于云服务水平协议（SLA）的个人身份信息组件等方面的安全性和保护，包括相关要求和指导。

续表

发布时间	发布机构	标准名称	主要内容
2019 年	国际标准化组织	信息技术 安全技术 在充当个人身份信息（PII）处理器的公共云中保护 PII 的行为准则（ISO/IEC 27018：2019）	建立了公认的控制目标，控件和准则，用于根据 ISO/IEC 29100 中针对公共云计算环境的隐私原则实施保护个人身份信息（PII）的措施。

资料来源：自行整理。

在我国，工业和信息化部已提出构建由云基础、云资源、云服务、云安全四个部分组成的云计算综合标准化体系框架。目前，已正式发布多项云计算技术相关国家标准，对技术术语、参考架构、应用接口、服务安全等方面进行了规范（见表 4-3）。

表 4-3　　　　　　　　我国云计算标准编制情况

发布时间	归口单位	标准名称	主要内容
2014 年	全国信息安全标准化技术委员会	信息安全技术 云计算服务安全指南（GB/T 31167—2014）	描述云计算服务面临的主要安全风险，提出云计算服务生命周期各阶段的安全管理和技术要求。
2014 年	全国信息安全标准化技术委员会	信息安全技术 云计算服务安全能力要求（GB/T 31168—2014）	明确云计算服务安全能力审查要求和依据。
2015 年	全国信息技术标准化技术委员会	信息技术 云计算 概览与词汇（GB/T 32400—2015）	规范云计算基本概念和常用词汇。
2015 年	全国信息技术标准化技术委员会	信息技术 云计算 参考架构（GB/T 32399—2015）	规范云计算参考架构。
2017 年	全国信息安全标准化技术委员会	信息安全技术 云计算服务安全能力评估方法（GB/T 34942—2017）	规范云计算服务安全能力评估的原则和方法。
2017 年	全国信息技术标准化技术委员会	云计算数据中心基本要求（GB/T 34982—2017）	规范场地、资源池、电能使用效率、安全、运行维护等要求。

发布时间	发布机构	标准名称	主要内容
2017 年	全国信息技术标准化技术委员会	信息技术 云计算 平台即服务（PaaS）参考架构（GB/T 35301—2017）	规定了平台即服务（PaaS）参考架构的术语定义和缩略语、图例说明、PaaS 参考架构概念，PaaS 用户视图和功能视图。
2017 年	全国信息安全标准化技术委员会	信息安全技术 云计算安全参考架构（GB/T 35279—2017）	规定了云计算安全参考架构，描述了云计算角色，规范了各角色的安全职责、安全功能组件及其关系。
2018 年	全国信息技术标准化技术委员会	信息技术 云计算 云服务运营通用要求（GB/T 36326—2018）	规定了云服务提供者在人员、流程、技术及资源方面应具备的条件和能力。
2018 年	全国信息技术标准化技术委员会	信息技术 云计算 平台即服务（PaaS）应用程序管理要求（GB/T 36327—2018）	提出了平台即服务（PaaS）应用程序的管理流程，并规定了 PaaS 应用程序的一般要求与管理要求。
2018 年	全国信息技术标准化技术委员会	信息技术 云计算 云服务级别协议基本要求（GB/T 36325—2018）	规范了云服务级别协议的构成要素，明确了云服务级别协议的管理要求，并提供了云服务级别协议中的常用指标。
2018 年	全国信息技术标准化技术委员会	信息技术 云计算 文件服务应用接口（GB/T 36623—2018）	规定了文件服务应用接口的基本要求和扩展要求。
2015 年	工业和信息化部	云计算基础设施即服务（IaaS）功能要求与架构（YD/T 2806—2015）	规范云计算 IaaS 的服务种类与服务模式、功能架构及功能需求、接口及安全要求、关键业务流程。
2015 年	工业和信息化部	云资源管理技术要求（YD/T 2807.1—2015、YD/T 2807.2—2015、YD/T 2807.3—2015、YD/T 2807.4—2015、YD/T 2807.5—2015）	规范云资源管理平台的系统架构、综合管理平台整体功能要求、分平台技术要求以及资源管理接口、安全性和其他非功能性要求。

续表

发布时间	发布机构	标准名称	主要内容
2016 年	工业和信息化部	公有云服务安全防护要求（YD/T 3157—2016）	规范公有云服务安全防护要求，包括数据安全、应用安全、网络安全、虚拟化安全、主机安全和管理安全。
2016 年	工业和信息化部	公有云服务安全防护检测要求（YD/T 3158—2016）	规范公有云服务安全防护检测要求。
2016 年	工业和信息化部	云计算安全框架（YD/T 3148—2016）	阐明云服务客户、云服务供应商、云服务伙伴面临的安全挑战，以及减缓风险和应对挑战的安全能力。
2016 年	工业和信息化部	云资源运维管理功能技术要求（YD/T 3054—2016）	规范云计算物理资源、虚拟资源及云平台系统的管理功能技术要求。
2017 年	工业和信息化部	智能型通信网络 云计算数据中心网络服务质量（QoS）管理要求（YD/T 3218—2017）	规范智能型通信网络中云计算数据中心网络设备的 QoS 能力、QoS 策略管理、流分类技术、流量整形技术、队列与调度技术等要求。
2017 年	工业和信息化部	智能型通信网络 支持云计算的广域网互联技术要求（YD/T 3219—2017）	规范智能型通信网络支持云计算的广域网互联能力特性和虚拟感知、多租户隔离、二层互联、数据中心网络虚拟化、用户流量优化等技术要求。
2018 年	全国金融标准化技术委员会	云计算技术金融应用规范 技术架构（JR/T 0166—2018）	规定了金融领域云计算平台的技术架构要求，涵盖云计算的服务类别、部署模式、参与方、架构特性和架构体系等内容。
2018 年	全国金融标准化技术委员会	云计算技术金融应用规范 安全技术要求（JR/T 0167—2018）	规定了金融领域云计算技术应用的安全技术要求，涵盖基础硬件安全、资源抽象与控制安全、应用安全、数据安全、安全管理功能、安全技术管理要求、可选组件安全等内容。

续表

发布时间	发布机构	标准名称	主要内容
2018 年	全国金融标准化技术委员会	云计算技术金融应用规范 容灾（JR/T 0167—2018）	规定了金融领域云计算平台的容灾要求，包括云计算平台容灾能力分级、灾难恢复预案与演练、组织管理、监控管理、监督管理等内容。

资料来源：自行整理。

第二节 云计算技术在金融领域应用的现状

从国际情况看，部分云服务供应商积极推广金融云服务，美国已发布金融机构使用云计算服务的规范指引。AWS 等国际厂商已研发推出了资产抵押、支付、资本市场、资产管理、保险等领域的云平台。其中，AWS 已为美国第一资本、美国金融业监管局、纳斯达克、太平洋人寿等金融机构提供定制化云计算产品。2012 年，美国联邦金融机构检查委员会发布《云计算外包风险管理提示》，从尽职调查、供应商管理、审计、信息安全等方面，对使用或计划使用云计算外包服务的金融机构进行规范指导。

我国金融领域稳步推进云计算技术的应用。《中国金融业信息技术"十三五"发展规划》提出，拓展云服务的应用领域，鼓励发展业务系统、技术测试、信息安全等云服务，探索基于"云"构建风控、征信、反洗钱等行业公共服务应用，提升金融服务和监管能力。2017 年 9 月，在银监会指导下，16 家具有商业银行背景的股东共同出资成立云服务公司融联易云，致力于为金融机构提供行业云等金融科技公共服务。中国信息通信研究院调查数据显示①，目前，我国 41.18% 的金融机构已应用云计算技术，46.80% 的金融机构计划应用云计算技术，已经或计划应用云计算技术的金融机构占比共计 87.98%。

传统金融机构方面，由于金融行业对数据完整性、内容真实性、操作

---

① 中国信息通信研究院. 金融行业云计算技术调查报告（2018 年）［R］. 2018.

可问责性的要求较高，满足业务快速安全部署且符合监管部门要求是传统金融机构使用云计算的主要关注点。数据显示，目前，在已使用云计算技术的金融机构中，近七成金融机构采用自建私有云模式搭建云平台，近两成金融机构采购由专业金融行业云服务商提供的行业云服务，而使用公有云的金融机构只占一成（见图4-4）。具体而言，规模较大、技术实力较强的大型金融机构大多采取私有云模式，通过合作研发或技术外包方式完成私有云平台建设。中小金融机构由于自身技术实力偏弱、人才储备不足、资金投入有限等原因，一般更倾向于选择专为金融机构服务的行业云模式，以同时满足监管合规和控制成本方面的需求。目前，金融机构主要将渠道服务、内部支持、客户服务、管理信息等非核心系统上云，核心系统上云仍面临系统架构、安全性等问题。

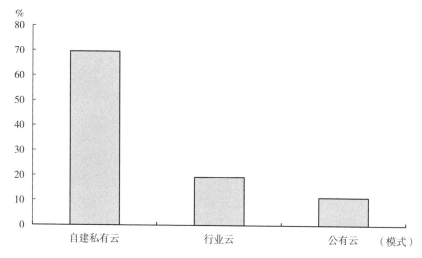

资料来源：中国信息通信研究院，《金融行业云计算技术调查报告（2018年）》。

图4-4　金融机构的云计算部署模式情况

目前，已有多家商业银行依托各自旗下的金融科技子公司提供金融云服务。比如，有银行设立的金融科技子公司，依托该银行银银平台科技输出业务，已为200多家中小银行提供以核心系统为主的银行信息系统云服务。该金融科技子公司还可为金融机构提供专属云、容灾云、备份云三大基础云服务及区块链云服务、人工智能云服务、开放银行云服务，助力中小金融机构业务创新。

金融科技公司方面，为实现自身业务快速扩展，金融科技公司更倾向于使用公有云，主要与第三方公有云厂商合作。一方面，在互联网快速迭代的影响下，金融科技公司注重以客户需求为导向，持续提供各类新产品服务、优化现有产品服务，且面对激烈的市场竞争，金融科技公司需低成本地快速推出产品服务，抢占市场份额。另一方面，很多金融科技公司面临成立时间较短、资金规模较小、盈利能力较弱等问题。公有云由云计算服务商提供系统搭建和运维服务，能够较好地满足金融科技公司快速交付、节约成本的需求。目前，金融科技公司已在大数据分析、精准营销、客户服务等方面普遍应用云计算技术，并逐步推进云计算技术在信贷风控、支付清算等部分核心业务环节的应用。

应用场景方面，云计算技术在 IT 运营管理、底层平台开放、客户端行情查询、交易量峰值分配、个性化定价、网络安全管理、网络支付等方面已有一定程度的应用。应用技术方面，容器、高性能计算、微服务、DevOps 等技术的应用发展相对成熟，而边缘计算、云网融合等技术目前还在深入研究阶段。

一、云计算技术在银行业的典型应用场景

IT 运营管理。在银行传统 IT 架构下，设备管理及资源交付的方式主要依靠手工完成，分支行在本地大量部署服务器，需分配较多资源用于设备运维。随着业务规模持续增长、业务类型不断拓展，IT 架构的稳定性和可维护性面临严峻挑战。应用云计算技术可促进 IT 运营管理向统一部署、自动管理等方向转型。

=== **案例 4 – 1** ===

基于私有云的银行 IT 运营管理自动化

案例背景。某银行 IT 系统建设长期采用分行独立采购、各自部署的模式，信息系统建设呈现封闭化、定制化特点。伴随分支行数量增加和业务类型不断拓展，该行面临 IT 设施标准不统一、规范化缺失、IT 系统软硬件成本增长过快、服务灵活性下降等难题。

技术方案。该银行推进 IT 架构转型，构建了 IaaS 私有云架构，涵盖全行开发测试云、总行生产云、总/分两级分布式资源池构成的分行生产云。为实现分布式部署、集中管理、统一调度，该银行在总行双活数据中心内部署私有云 IaaS 管理模块和 IaaS 资源池，实现"统一灾备"，在分行按需部署本地 IaaS 资源池。全行资源池采用集中和分布式相结合的部署模式，实现集中管理、统一调度；采用全软件驱动的服务交付方式，提升服务水平（见图 4-5）。

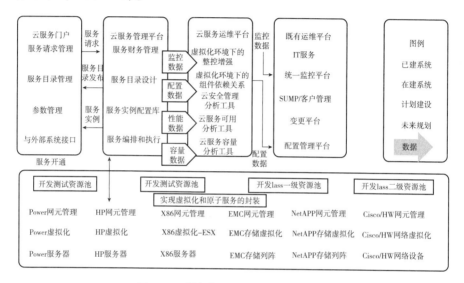

图 4-5 某银行 IaaS 私有云逻辑架构

实现效果。通过自动化编排系统和存储同步技术，该银行实现了开发测试环境向生产环境的动态发布，以及分行一、二级资源池之间的按需流动，资源交付时间由原来的 22 小时缩短到分钟级，一次性节约近亿元基础设施投入，分行服务器维护人员数量下降48%，运维压力得到极大减轻。

开放型底层平台。随着线上线下融合程度加深，客户对场景化金融服务的需求增加，单一金融产品已无法充分满足不同场景下客户多元化、差异化的金融需求。应用云计算技术搭建开放型底层平台，有助于优化金融服务生态圈和产业链，依托金融服务与生活场景的结合，增强金融账户价值，改善客户服务体验。

━━━ **案例4-2** ━━━

开放云平台助力构建跨界金融服务生态圈

案例背景。 传统金融服务开放性不足，难以满足消费者金融服务多元化、差异化需求，金融账户使用黏性和客户体验均有待提升。

技术方案。 某银行通过打造云开放平台，便利合作伙伴借助 API 方式接入其金融服务生态圈。该银行 API 开放平台由运行网关、开发者门户和管理子系统三部分组成，平台可向合作伙伴提供联机接口、页面服务和文件获取等多形式服务。该银行依托开放平台可面向合作伙伴提供二维码支付、缴费、生活、Ⅱ/Ⅲ类账户等数十个 API 服务，助力快速构建一站式、个性化、场景化的金融服务生态圈。生态圈合作伙伴通过该银行提供的指南、说明文档，可自主接入开放平台开发、发布产品，为客户提供资讯查询、网上购物等"金融+非金融"服务。同时，分支机构也可调用总行应用接口实现特色应用的二次开发，为客户提供个性化金融服务（见图4-6）。

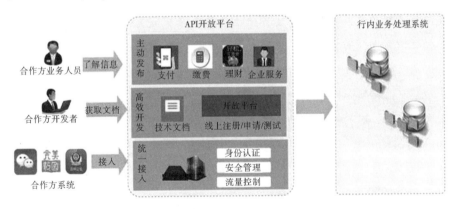

图4-6 某银行开放云平台工作流程

实现效果。 目前，该银行开放平台已实现与近百个合作伙伴的服务对接，日均交易量超400万笔。针对合作方的快速对接需求，最快两周即可完成对接上线。对内共上线771个分行特色应用，日均交易量超3000万笔，已实现服务调用的统一管理和规范控制。

二、云计算技术在证券基金业的典型应用场景

客户端行情查询。证券客户端查询操作次数在行情忙闲期差异明显，峰谷期之间资源使用率差别巨大。证券行业应用云计算技术，有助于整合数据中心，充分利用已有IT资源，提高行情查询信息系统的效率和性能。

=== 案例4-3 ===

云计算技术优化证券行情查询服务

案例背景。为服务近千万投资客户的行情查询需求，某证券公司在全国架设了数十个网上交易镜像站点，实现快速响应并发峰值可达每秒百万的行情查询请求，但设备采购、调试、安装和运维需要上千万元成本，且在交易低峰时面临大量的资源浪费。

技术方案。该证券公司通过采购云服务供应商的产品，作为现有行情镜像站点的扩展，实现波峰波谷弹性计算、带宽随需而动的工作机制，可根据行情变动随时调整计算资源与带宽资源（见图4-7）。

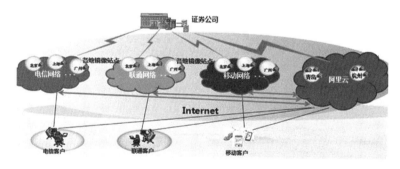

图4-7 某证券公司应用云计算技术的服务模式

实现效果。该证券公司通过应用云计算技术，实现运维成本从数千万元降至数百万元，增加了IT支持业务变化的灵活性，提升了IT与业务的融合度，降低了IT部门的工作压力。

交易量峰值分配。金融机构在基金集中申购、大型促销等场景下时常面临业务量突增带来的诸多问题，给运维管理带来很大挑战。云计算技术

按需服务、弹性架构、高可靠性等特点可更好地满足金融机构在高弹性业务下的持续运营需求。

═══ **案例4-4** ═══

云计算技术缓解基金大型促销的网络压力

案例背景。某基金公司一款货币基金的交易量在大型促销期间往往达到平日的数十倍，现有技术难以支撑如此大规模的交易量。

技术方案。为支撑业务，该基金公司对直销和清算系统进行了一期扩容，随后又将整体系统部署上云。通过下行数据库分库、分表的部署，该基金公司可实现相当于上千套清算系统和实时交易系统的并行运算，且可实时扩展。交易低峰时可通过仅运行部分服务器实现资源节约，在业务高并发期间，可实时弹性扩展前置机数量并扩容数据库规模（见图4-8）。

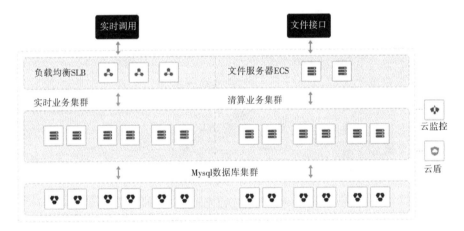

图4-8 某基金公司云上架构部署图

实现效果。该基金公司通过云计算技术的应用，将清算时间由原来的8小时缩短到现在的半小时，交易并发峰值从500笔/秒扩容到5000笔/秒，单日交易数从每日最高1000万笔扩容到3亿笔，支持的有效用户数扩大到亿级。

三、云计算技术在保险业的典型应用场景

个性化定价。定制化云软件能够快速分析用户实时数据，提供个性化定价，满足保险个性化需求。当用户依照既定行程购买保险产品时，保险企业就能立即为其提供合适的旅行保险产品。比如，有保险公司基于云计算技术推出了互联网保险平台，支持以较低成本满足海量用户的碎片化需求。

产品上线销售。在保险公司传统 IT 架构下，存在保险产品不同渠道重复上线、渠道对接上线耗时长、核心业务系统无法线上升级等难题。应用云计算技术有助于解决这些问题。比如，有保险公司基于云计算技术建立的核心业务系统，可解决保险产品抢购业务的系统瓶颈，提供 7×24 小时的响应服务，实现互联网产品快速发布和第三方快速对接。

四、云计算技术在互联网金融及其他的典型应用场景

网络安全管理。个体网络借贷平台依托互联网开展业务，易成为黑客网络攻击对象。应用云计算技术可实时部署最新安全策略和防护加固软件，通过主动防御和风险提醒方式，对黑客攻击入侵进行实时监测与防御，同时定期对网站进行全面体检，保障网站安全。

业务基础设施。个体网络借贷平台主要服务长尾客户，其服务具有单笔收益低、交易笔数多、产品迭代快、规模增长快等特点。应用云计算技术可减少设备配置升级所需时间、资金成本，实现 IT 投入随规模增长线性增加。同时，云平台能够整合各业务线所需的基础组件，在减少重复开发的同时，也有助于平台统一管理业务系统，实现"一次构建，处处运行"。

网络支付。网上购物的小额支付场景具有一定周期性，在电商平台促销活动期间业务量会大幅增加，而这种剧变的维持时间较为短暂。业务短时增减造成数据处理规模在部分时间出现剧烈变化，产生对可弹性调配资源池的需求。基于云计算的支付清算数据处理平台，可提供大容量存储和高效数据处理能力。比如，2019 年"双十一"期间，有支付机构的支付峰值超过 54.4 万笔/秒，通过公有云提高整体资源池的上限，能够提供短时海量并发支付交易所需的资源支持。

第三节 云计算技术在金融领域应用的风险、挑战与展望

一、云计算技术在金融领域应用的风险

技术安全风险。一是在多租户机制下，云计算资源隔离措施不当或失效，可能导致某些用户入侵其他用户数据和应用的情况，危害金融领域数据的完整性和保密性。二是为方便云服务使用者进行应用集成，一些云计算平台为用户提供了公开的应用程序编程接口（Application Programming Interface，API）服务。若未能采取有效的防护措施，上述 API 可能成为不法分子入侵云计算平台的入口，给用户带来安全隐患。特别是，公有云面向客户提供高度一致化的基础软件资源，风险可能传染至更多金融机构，甚至造成系统层面的危害。

权责难以界定风险。部分金融机构依赖第三方为其提供云服务，可能导致权责难以界定风险及一定程度的外部性问题。一方面，一些云服务提供者具有访问、操控云服务使用者部分数据的能力，部分数据权利归属难以界定，可能引发信息窃取、信息泄露等隐患。而金融领域数据通常较为敏感，金融机构对数据控制权的削弱既不利于消费者权益保护，也不利于监管部门防控金融风险。另一方面，信息系统的安全性由云服务使用者、提供者等多方的安全措施共同决定，安全等方面的责任难以划分，可能进一步加剧安全隐患。

服务中断风险。某些云计算技术应用可能存在"集中式分布"问题，即虽然在运算任务分配等方面表现为分布式，但云服务提供商、承载相关功能的物理设备却呈现一定的集中特性，且云服务本身通常集中了大量的数据和应用。当发生人员失职、恶意攻击、系统故障等问题时，可能导致大范围的数据丢失或服务中断。特别是对将核心系统上云的金融机构而言，服务中断可能对其关键业务产生严重的负面影响。

服务滥用风险。同其他技术一样，云计算技术也有可能被不法分子用

于从事违法犯罪活动，因而存在服务滥用风险。某些云服务供应商对登记等流程管理不严格，使得不法分子能够以较低成本获得较为强大计算资源的使用权，可能将其用于网络攻击、暴力密码破解、非法信息传播等活动，提高此类违法活动的危害性及防范难度。

二、云计算技术在金融领域应用的挑战

稳定性和可靠性需进一步验证。公有云模式下，云服务供应商提供规模化和集中化的数据中心资源，承载的业务规模庞大，对供应商在物理设施遭受破坏或故障时的运维能力将提出较大考验。私有云模式下，云平台运维系统功能和资源调配能力问题较为突出，且 IT 架构需解决异构虚拟化等技术难题。

IT 系统升级改造及云服务选型困难。传统金融机构 IT 系统普遍建立时间较长、复杂程度较高，对其进行升级改造以实现与云计算系统架构的融合存在管理和运维困难。同时，由于技术实力及参考示范不足，部分金融机构在云服务选型方面的困难难以解决。此外，还有部分金融机构同时采用私有云和行业云，不同系统共存对其多云管理也提出了新的要求。

监管规定与标准规则有待完善。比如，支持云计算的物理服务器可被置于不同地点，既有法律在适用性上存在一些问题。此外，金融机构应用云计算技术在技术选型、架构设计、安全技术要求、容灾等方面已有部分规范指引，但在云计算可信基础环境、风控和审计要求、服务外包管理、云计算产品服务评估、安全管理责任认定等方面的监管合规要求和标准规则有待进一步完善细化。

三、云计算技术在金融领域应用的展望

云计算技术在金融领域的应用广度和深度将进一步提升。云计算技术可为大数据、人工智能等技术应用提供基础支撑，且其在金融领域的应用有助于为客户提供更低成本、更高效率的金融服务，与金融领域的深度融合是信息化时代下的重要趋势。传统金融机构将依据自身技术实力，探索从辅助性业务系统上云向核心系统上云转变，从单一私有云向私有云为基

础、行业云和公有云为补充转变。

　　各类领先金融机构和金融科技公司将加大云计算投入并赋能中小金融机构。目前，金融科技公司正发力云计算领域，多家银行旗下金融科技子公司已着手向同业金融机构输出信息科技系统。各类领先金融机构和金融科技公司未来将与公有云供应商、电信运营商、传统 IT 厂商以及相关开源创业公司一道，共同赋能中小金融机构，推动渠道服务、客户服务、信息管理、内部支持等业务系统上云。

第四节　推进云计算技术在金融领域应用的对策建议

　　进一步明确云计算技术在金融领域应用的监管要求。监管部门可结合云计算在金融领域应用的最新情况和实际需要，有选择、有计划、分步骤地研究推动相关监管细则的出台完善，规范引导金融机构在合规前提下应用云计算技术，并根据应用程度制定差异化监管规定。

　　探索云计算技术在金融领域应用的典型模式。在监管部门指导下，相关行业协会和产业联盟可研究推广典型云计算技术应用示范，引导帮助金融机构结合业务实际需要，并综合考虑自身信息系统所承载的业务重要性、数据敏感性等因素合理选择部署模式。同时，还可搭建金融机构与科技公司合作交流平台，促进云服务提供者和使用者之间的沟通交流，凝聚双方力量共同推动云计算技术在金融领域的应用。

　　加快云计算技术在金融领域应用标准的研制和推广。应深入实施《云计算技术金融应用　规范技术架构》《云计算技术金融应用规范　安全技术要求》《云计算技术金融应用规范　容灾》等金融行业标准，并通过检测认证、能力成熟度评价等手段强化标准落地。同时，在监管规则和行业标准尚需明确的领域，充分依托行业协会、联盟组织整合行业资源优势，研制实施适应性强、灵活性高的团体标准，为监管规则和法律规范探路。

第五章　大数据技术及其在金融领域的应用

第一节　大数据技术概况

一、大数据技术的概念和特点

大数据技术的主要理念是充分挖掘海量数据价值。国务院发布的《促进大数据发展行动纲要》指出，大数据技术是对数量巨大、来源分散、格式多样的数据进行采集、存储和关联分析，从中发现新知识、创造新价值、提升新能力的新一代信息技术。广义上，大数据技术包括大数据采集、传输、存储、管理、融合、交易、处理、分析、应用、安全和可视化展示等，基础技术包括大规模异构数据融合、集群资源调度、分布式文件系统等。鉴于大数据的采集、传输、存储等技术主要围绕实现数据价值最大化目标服务大数据处理和大数据分析，本书主要以大数据处理和分析作为重点研究对象。

大数据技术的主要特点是对采集到的全量数据进行分析，以更好更快地支持决策。大数据技术处理的数据集具有"5V"特点，即数量（Volume）大、种类（Variety）多、处理速度（Velocity）要求高、价值（Value）密度相对较低和反映现实（Veracity）情况。在对这类数据集的分析过程中，大数据技术更注重尽可能多地囊括关联数据，一定程度上减少对统计抽样方法的依赖，也可更准确发掘关联规则，并用于趋势预测。

一方面，全量数据分析可突破数据类型制约。信息化时代，文本、图像、声音、影视、超媒体等非结构化数据，在互联网信息内容形式中占比越来越大。大数据技术能为非结构化数据的处理、分析提供解决方案，在情感分类、客户语音挖掘、法律文书分析等许多领域都有所应用。

另一方面，全量数据分析可降低数据分析的门槛。传统数据分析需要高质量的数据，虽然大数据有价值密度低的特点，但运用大数据技术后，以"量"提升数据分析对"质"的宽容度，提供了数据处理的新视角与新方法。

目前，大数据技术体系涵盖有数据整合、数据服务、应用分析和应用展现四层（见图5-1）。支持大数据技术的操作平台类型涵盖分析工具、业务计算、数据管理和文件系统等方面。比如，大数据分析系统Hadoop[①]，基于业务对实时的需求而支持在线处理的Storm[②]、Cloudar Impala[③]，支持迭代计算的Spark[④]等。

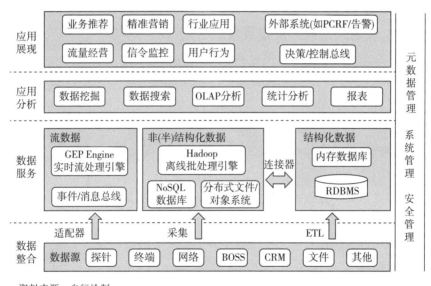

资料来源：自行绘制。

图5-1 大数据技术体系

---

① 开源框架，允许在整个集群使用简单编程模型计算机的分布式环境存储并处理大量数据。
② 免费开源分布式、高容错的实时计算系统，常用于实时分析、在线学习等领域。
③ 由Cloudera开发的开源查询引擎。
④ 专为大规模数据处理而设计的快速通用的计算引擎。

二、大数据技术的应用情况

从应用领域来看，大数据技术在金融、政务、电商等领域的应用效果较好。金融、政务、电商等领域的数据管理水平较高、数据积累规模较大，且有较高的精细化运营诉求，因而大数据技术的应用效果较好，针对金融、政务、电商等领域提供大数据产品和解决方案的企业也较多。

从应用深度来看，大数据技术应用正在向企业核心业务拓展。目前，大数据技术的应用主要包括营销分析、客户分析和内部运营管理。同时，针对产品设计、产品生产、企业供应链管理等核心业务的应用比例逐步提升。电商平台可通过对消费者的消费习惯、浏览足迹、搜索内容等相关数据的挖掘分析，提高营销推广精准程度。

三、我国大数据产业发展情况

我国大数据产业及金融大数据的市场规模均实现了较快增长。根据赛迪智库统计研究，2018 年我国大数据产业整体规模达到4384.5 亿元，同比增长24%，预计到 2021 年将达到8070.6 亿元（见图 5 - 2）。其中，金融大数据产业规模在 2018 年达到了 470 亿元，同比增长 29.6%，预计到2021 年将达到 998 亿元。

我国大数据产业的政策环境良好。随着一系列支持政策的出台，国家大数据战略正加速落地，相关顶层设计逐步完善。同时，监管部门支持在金融领域应用大数据技术，稳妥有序推动金融大数据的采集、整合、共享和利用（见表 5 - 1）。

资料来源：赛迪智库，《2019 中国大数据产业发展白皮书》。

图 5－2　我国大数据产业总体规模及增速

表 5－1   我国大数据相关政策文件

发布时间	发布部门	政策文件	主要内容
2015 年 7 月	国务院	《关于积极推进"互联网＋"行动的指导意见》（国发〔2015〕40 号）	鼓励各金融机构利用大数据技术手段，加快金融产品和服务创新。
2015 年 8 月	国务院	《促进大数据发展行动纲要》（国发〔2015〕50 号）	加快政府数据开放共享，推动资源整合，提升治理能力；推动产业创新发展，培育新兴业态，助力经济转型；强化安全保障，提高管理水平，促进健康发展。
2016 年 1 月	国务院	《推进普惠金融发展规划（2016—2020 年）》（国发〔2015〕74 号）	鼓励金融机构运用大数据打造互联网金融平台。
2019 年 8 月	国务院	《关于促进平台经济规范健康发展的指导意见》（国办发〔2019〕38 号）	在实体经济中大力推广应用物联网、大数据。

发布时间	发布部门	政策文件	主要内容
2016 年 12 月	工业和信息化部	《大数据产业发展规划（2016—2020 年）》（工信部规〔2016〕412 号）	推动金融大数据技术应用，推动数据采集、整合、共享和利用。
2017 年 6 月	中国人民银行	《中国金融业信息技术"十三五"发展规划》（银发〔2017〕140 号）	建设金融大数据分析及服务平台，深入开展大数据技术应用创新，构建金融大数据标准体系。
2018 年 5 月	中国银行保险监督管理委员会	《银行业金融机构数据治理指引》（银保监发〔2018〕22 号）	银行业金融机构应当充分运用大数据技术，实现业务创新、产品创新和服务创新。
2019 年 8 月	中国人民银行	《金融科技（FinTech）发展规划（2019—2021 年)》（银发〔2019〕209 号）	科学规划运用大数据。加强大数据战略规划和统筹部署，加快完善数据治理机制，推广数据管理能力的国家标准，明确内部数据管理职责，突破部门障碍，促进跨部门信息规范共享，形成统一数据字典，再造数据使用流程，建立健全企业级大数据平台，进一步提升数据洞察能力和基于场景的数据挖掘能力，充分释放大数据作为基础性战略资源的核心价值。

资料来源：自行整理。

四、大数据技术标准化情况

从国际情况看，主要国际组织已推出大数据概念、术语等相关标准，且对大数据分析等标准的研制工作也在有序推进。国际标准化组织（ISO）、国际电工委员会（IEC）和国际电信联盟（ITU）等国际性标准化组织均已开展大数据技术相关的标准研制工作，且已取得一定成果。比如，ISO 和 IEC 第一联合技术委员会（ISO/ IEC JTC 1）已发布标准《信息技术 大数据 概述和词汇》，概述了大数据领域的概念以及其与其他技术领域的关系。此外，ISO 统计方法应用委员会、信息网络安全和隐私保护委员会也分别发布了《统计 大数据分析 模型验证》《信息技术 大数据安全与隐私保护 过程》等标准，ITU 也发布了数据溯源、数据交换框架、数据功能架构、数据驱动网络等多方面的标准文件。国外方面，日本大数据技术标准化研究工作启动较早，美国大数据技术标准体系已初具规模。日本在 2013 年由安倍政府发布"创建最尖端 IT 国家"战略，并于 2013 年底首次制定大数据相关标准。美国国家标准与技术研究院（NIST）针对大数据标准化工作成立了大数据公共工作组，已提出涵盖术语和定义、用例和需求、安全与隐私、参考体系结构和技术路线图等的标准体系。

我国大数据技术标准化工作正稳妥推进。2014 年 12 月，全国信息安全标准化技术委员会大数据标准工作组正式成立。目前，工作组已发布 6 项国家标准，3 项国家标准正在报批阶段，15 项国家标准正在研制。2016 年 4 月，全国信息安全标准化技术委员会大数据安全标准特别工作组正式成立，有正在研制的国家标准 13 项。上海、广东、湖北、山东、贵州、四川、陕西、江苏、内蒙古等省份也已发布实施 30 余项地方标准，主要集中于数据资源开放共享、政务大数据等领域。①

第二节 大数据技术在金融领域应用的现状

当前，大数据技术在我国金融领域的应用较为广泛。大数据处理和分析技术的应用发展普遍较为成熟，分类分析、聚类分析、关联提取、预测分析、序列模式分析、社交网络分析等大数据技术在银行、证券、保险、互联网金融等领域应用已较为普遍，主要包括反欺诈、风险管理、投研投顾、评分定价、金融监管等场景。

分类分析。分类分析是指通过已分类数据集建立分类模型，实现自动分类。分类分析的代表算法有决策树、逻辑回归、贝叶斯分类等。典型应用场景包括信贷评估、市场情绪研究等。

---

① 中国电子技术标准化研究院等. 大数据标准化白皮书（2018 版）［R］. 2018 - 03.

聚类分析。聚类分析是指依据相似度对数据自动分类。聚类分析代表算法有划分法（K - means 算法、K - methods 算法、CLARNS 算法）、层次法（BIRCH 算法、CURE 算法、CHAMELEON 算法）等。典型应用场景包括风险定价、智能投顾等。

关联提取。关联提取是指分析数据间的相互依存性和关联性。关联提取的代表算法有回归分析、时间序列分析等。典型应用场景包括反欺诈、反洗钱等。

预测分析。预测分析是指根据已有数据和模型预测未知变量。预测模型包括分类模型与回归模型，前者是对离散值进行预测，后者是对连续值进行预测。预测分析代表算法有回归积分滑动平均模型、灰度预测模型、时间序列分析等。典型应用场景是交易价格预测。

序列模式分析。序列模式分析是指挖掘数据背后反映的先后、因果关系。序列模式分析代表算法有 AprioriAll 算法[①]、AprioriSome 算法[②]、GSP 算法[③]等。典型应用场景包括交易欺诈识别、骗贷识别等。

社交网络分析。社交网络分析是指分析节点间关系，并对节点关系进行梳理。代表算法为社交网络分析（Social Network Analysis，SNA）算法等。典型应用场景包括贷后监控、团伙欺诈监测等。

一、大数据技术在银行业的典型应用场景

信贷反欺诈。在传统方法中，银行对个人客户的违约风险评估多是基于过往的个人征信数据，其维度不够丰富，时效性不足。应用大数据技术可使信用评估的维度更多、时效性更好，有助于更准确识别信贷欺诈行为。

---

① 序列模式算法之一，被广泛应用到顾客购买行为分析、网络访问模式分析、科学试验分析等领域。

② 可看作 AprioriAll 算法的改进，具体操作分为两个阶段，对计算较长的序列占有优势。

③ AprioriAll 算法的扩展算法，引入了时间约束、滑动时间窗和分类层次技术，增加了扫描的约束条件，有效地减少了需要扫描的候选序列的数量，同时还克服了基本序列模型的局限性，更切合实际，减少多余无用模式的产生。

=== 案例 5 - 1 ===

基于大数据技术的银行信贷解决方案

案例背景。传统信贷风控主要依赖人工，进件平均成本高、效率低。一些中小金融机构缺乏业务经验和数据积累，对信贷风险的控制能力较薄弱。业务管理复杂、欺诈多、风控难等是信贷行业的普遍痛点。

技术方案。某金融科技公司贷款解决方案整合了预测 AI、决策 AI、智能双录等数十项人工智能和大数据技术，基于万亿级贷款实例检验，有助于提升中小银行风控水平（见图 5 - 3）。

图 5 - 3　某金融科技公司智能反欺诈平台

在反欺诈场景中，该智能反欺诈平台基于设备反欺诈、大数据反欺诈和关联反欺诈三大核心技术，构建一站式欺诈防控平台。通过对设备端数据研究，构建了包括用户行为异常度、基于位置的服务（Location Based Service，LBS）异常度、社交活跃异常度等 200 多个设备风险标签，目前已识别出 4000 多万个欺诈设备。大数据反欺诈通过对接身份认证、地址认证等风控数据源，同时利用设备反欺诈标签及场景化的定制模型，以高性能规则决策引擎对申请进行欺诈识别和实时拦截。目前，已拦截欺诈事件近 1.5 亿次。关联反欺诈通过复杂网络关联技术，将注册手机号、设备信息、用户申请数据等历史数据形成关联网络，并结合社区分群、标签传播等算法进行欺诈识别。目前，已识别出 10 人以上团伙近 2 万多个，通过风险关联算法标注 300 多万个灰名单。

在信贷面审场景中，该金融科技公司基于大数据与心理学领域的交叉前沿成果研发的微表情面审辅助系统,可实时抓取客户的微表情以精准刻画客户心理状态,判断并提示欺诈风险。系统还构建了微表情心理数据库,包含500万张人脸图片和54种微表情识别技术、39种面部动作识别技术、11种Hand over Face姿势识别技术及头动和眼动监测模型,以及对语音和文字的情绪识别技术。该系统还整合了基于知识图谱的智能回答引擎,覆盖众多行业的海量问题库,提升面审问题的随机性和质量,从而降低欺诈风险(见图5-4)。

实现效果。已为近百家银行机构识别欺诈,降低坏账率。比如,某农商行的首月逾期率从17%降至4%,批核率从37%提升至79%,申请流程简化60%以上,使审批时间由数小时、数天缩短至3~5分钟。此外,微表情欺诈识别准确率超过80%,平均开发成本降低30%以上。

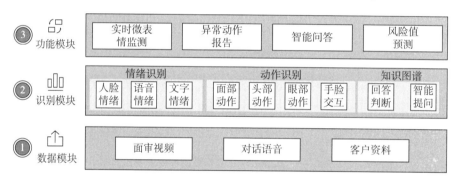

图5-4 某金融科技公司微表情面审辅助系统

信用评估。小微企业的信用评估面临信贷历史短、财务不规范、缺少抵押物等困难,有必要寻找新的分析维度对其进行准确评估。通过大数据技术评估小微企业信用,银行可以拓展数据维度,综合分析小微企业主的信用、小微企业逐笔进存销等情况,能够更精准地评估小微企业信用水平。

=== **案例5-2** ===

基于大数据技术的小微企业信用评估策略

案例背景。评估小微企业的信用水平时,传统信用评估方式会面临缺少抵押担保和信用历史等困难。尤其是对于使用现金收付的个体工商户而言,还存在缺少规范的财务记录和进存销记录数据等问题,更难以评估其信用。

技术方案。针对小微企业的需求痛点，某银行推出基于大数据技术的一揽子解决方案。通过对线下小微企业推广一种基于二维码支付技术的面对面转账功能，在提高小微企业收款效率的同时，助力小微企业向数字化经营转型。通过将现金收付转变为扫码转账，小微企业的逐笔经营数据可被积累下来，从而用于评估其信用水平。基于二维码支付交易所积累的小微企业经营数据，上述银行运用大数据挖掘和 AI 计算能力推出了面向线下小微企业的无抵押、无担保的纯信用贷款产品。在贷前阶段，该银行基于小微企业经营行为中的时间、位置、金额、频次、买卖家关系等特征，构建资金网络模型，识别经营风险，形成信贷产品的授信基础。基于小微企业店铺的位置及其周边人流量、购买力、买家结构等特征，构建商圈网络模型，识别小微企业风险，发现未来发展潜力，最终综合考虑给予小微企业合理的准入、授信额度等。在贷后阶段，该银行的风控模型能实时监控小微企业经营状况，对经营风险进行实时判断。

实现效果。自该小微企业信用贷款产品上线半年以来，该银行已经累计服务小微商户超过 200 万家，户均贷款为 7000 元，不良率低于 1%。

反洗钱。犯罪分子利用正常的金融产品和交易掩饰非法目的，使得交易对象的合法性难以确认。应用大数据技术，可通过对银行内外部数据的搜集、拼接、筛选、挖掘、分析，帮助银行更全面、更立体化地识别客户身份，多角度勾勒出客户的行为特征，形成全方位的客户画像。

运营管理。随着银行各类业务数据快速增长，传统数据库成本高、扩容难、故障恢复耗时长等缺陷日益突出。基于大数据技术，分布式数据分析平台能有效整合各类大数据资源，快速实现数据采集、存储管理、数据管控、数据挖掘分析、实时分析等功能。

案例 5 – 3

基于大数据技术的报表工具

案例背景。银行一线业务人员需要报表时，须通过内部系统提交申请、层层审批，再由专业数据分析师排期、开发，耗时长、效率低且难以及时调整更新。此外，数据的爆发性增长进一步加重了数据获取难度。

技术方案。某金融科技公司开发了智能报表工具，针对行业痛点，依托大数据技术优化数据查询体验。一是针对金融领域内营销、风控、财务、监管、人力五大数据需求场景进行深度的语义模型研发，基于10万量级的专业领域语料进行语义扩充，提升语义模型在各专业场景下的理解能力，让基于自然语言的数据查询更加流畅。二是将基于列式存储的动态内存管理技术与联机分析处理（On-Line Analysis Processing，OLAP）预计算技术相结合，实现在亚秒级内对百亿数据的查询和计算。三是针对金融领域各场景的应用特点，该智能报表工具内嵌了1000余个报表模板，提升前端的数据展现力，让数据更易被业务人员理解。此外，通过升级可视化方案，内嵌丰富报表模板，进一步提升查询体验（见图5-5）。

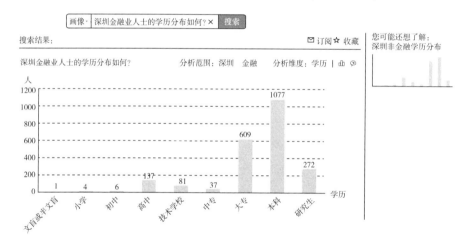

图 5-5 某金融科技公司智能报表工具操作界面

实现效果。业务人员以自然语言查询即可轻松获取想要的报表，大幅度提高数据查询效率。在实验室测试中，千万级数据的查询响应时间稳定在100毫秒内，整体上将过去平均约7天的报表制作周期压缩到秒级。

二、大数据技术在证券基金业的典型应用场景

投研分析。大数据技术可有效拓宽证券企业量化投资数据维度，帮助企业更精准地了解市场行情。通过应用大数据技术，量化投资可对海量数

据资源进行处理，构建更多元的量化因子，进一步完善投研模型。

智能投顾。智能投顾业务基于客户的风险偏好、交易行为等个性化数据，提供线上的投资顾问服务。通过大数据技术，能够提供低门槛、低费率的个性化财富管理方案，为更多的零售客户提供定制化服务。

三、大数据技术在保险业的典型应用场景

骗保识别。保险公司为识别可疑保险欺诈案件、降低欺诈损失，需进行大量专项调查，往往耗费数月或数年的时间。借助大数据技术，保险公司可识别诈骗规律，显著提升骗保识别的准确性与及时性。此外，保险公司可结合内部、第三方和社交媒体等数据源，从客户的健康状况、财产状况、理赔记录等方面进行早期异常值检测，及时对骗保行为采取干预措施。

风险定价。应用大数据技术可广泛分析用户各类行为数据，从而实现更精准的风险评估与定价。比如，通过分析驾驶者行车频率、行车速度、急刹车和急加速频率等驾驶习惯，可实现基于使用的保险（Usage Based Insurance，UBI）和灵活定价，有助于提高保险产品竞争力。

四、大数据技术在互联网金融及其他的典型应用场景

交易欺诈识别。应用大数据技术，可通过账户基本信息行为模式等分析结果，结合智能规则引擎进行实时的交易反欺诈分析。其技术实现流程为，实时采集行为日志、实时计算行为特征、实时判断欺诈等级、实时触发风控决策、案件归档并形成闭环。

=== **案例 5 - 4** ===

基于大数据技术的交易反欺诈解决方案

案例背景。金融业务线上化和互联网化为客户提供了便捷、高效的客户体验，但同时也会带来一些金融欺诈等风险隐患。

技术方案。某金融科技公司建立"事前—事中—事后"反欺诈全流程服务，在事前获取欺诈情报和行业报告，事中根据获取数据信息建立业务

风控模型，事后通过大数据技术建立起复杂网络对案件进行管理。比如，在客户端注册场景，传入注册时手机、IP、设备信息等相关信息数据，结合风控云平台配置虚拟号码识别、IP网络类型识别、设备风险识别、异常行为模型等，最后反馈注册行为风险得分。客户系统对于高于80分的申请予以拒绝，20~80分应输入验证码，低于20分通过（见图5-6）。

实现效果。该反欺诈解决方案通过大数据技术沉淀，积累了海量的风险数据，为反欺诈奠定了数据基础，能从高频的金融数据中识别出欺诈风险，保证资金和数据安全。每日欺诈情报监测预警超过15万次，日均拦截IP代理行为超过150万次，帮助合作客户保护账户安全超过15亿次，保护资产近万亿元。

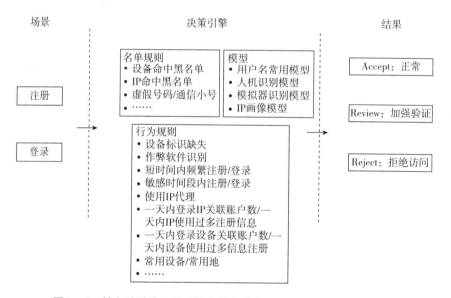

图5-6 某金融科技公司反欺诈服务的典型环节——账号安全保护

骗贷识别。个体网络借贷机构开展线上借贷服务，较难通过传统线下方式审核借款人信息，面临不法分子使用虚假信息、盗用他人信息或通过中介包装材料进行骗贷等问题。这些不法行为迷惑性较强，难以通过远程人工识别。应用大数据技术，可通过实时行为分析发现异常点，较准确地识别骗贷行为。

案例 5 – 5

基于大数据技术的信贷反欺诈系统

案例背景。近年来，随着我国个体网络借贷行业迅速发展，不法分子欺诈水平也日益提升。每年因欺诈导致的损失达 500 亿元，个体网络借贷业务拓展面临严峻的欺诈风险。

技术方案。某个体网络借贷平台对借款业务线的反欺诈分为四部分。一是反欺诈黑名单，利用多维度黑名单库层层筛查触黑用户。二是用户行为数据反欺诈和多维数据反欺诈，利用用户行为、电商、运营商、金融等数据维度中的异常，甄别伪造等各类欺诈手段。三是全流程欺诈风险评分体系为申请各节点用户欺诈概率进行评分，提供动态且量化的欺诈判定。四是反欺诈决策引擎，汇总信息并通过模型和算法，做出欺诈判定的最终决策。其中，全流程欺诈风险评分体系将传统反欺诈的漏斗形层层拒件机制量化为类 FICO 分的评分体系。用户下载 APP 后的激活、注册、进件等每个步骤，都会被赋予一个欺诈风险评分。全流程欺诈风险评分体系除了使用传统的线性算法之外，还采用迭代决策树（Gradient Boosting Decision Tree，GBRT）、梯度提升树（Gradient Boosting Decision Tree，GBDT）、随机森林（Random Forest，RF）等非线性模型算法（见图 5 – 7）。

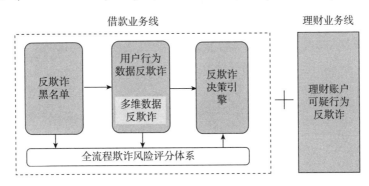

图 5 – 7　某个体网络借贷平台大数据反欺诈系统构成

实现效果。目前，该大数据反欺诈系统已成功拦截 400 多万张疑似欺诈账单，建立五类黑灰名单 5.8 万个，并可通过挖掘社交图谱，实时识别触黑用户。

金融监管。随着金融与科技的深度融合，各类借助科技手段的伪金融创新、金融诈骗等风险事件的隐蔽性越来越强，危害涉众性也越来越大。在新的形势下，金融监管部门在维护金融安全稳定时，存在编制限制、经费制约等难题。运用大数据技术，能够将广域多维的信息进行关联，从而发现与识别异常情况，并及时预警风险事件。

=== **案例 5 - 6** ===

大数据金融安全平台

案例背景。近年来，假借金融创新名义进行非法集资、金融诈骗、金融传销的违法违规行为屡见不鲜。由于其借助技术手段，往往具有隐蔽性强、传播蔓延速度快、不易被发现等特点，对金融监管带来较大挑战。

技术方案。某金融科技公司推出了服务金融监管的金融安全平台。该平台能全面监测互联网上活跃的类金融平台，从基于人工智能的平台识别、基于数据挖掘的多维度信息关联、基于知识图谱的平台风险指数计算、基于涉众人数增长异常规模预警四个维度，结合海量政务数据，运用多源数据融合技术，能够分析投资理财、外汇交易等十多个金融场景并计算其风险指数，预警高风险平台。该平台整体架构由四个模块组成，分别是 AI 大数据引擎、风控引擎、大数据监管平台和消费者举报查询平台。其中，AI 大数据引擎是大数据金融安全平台的核心，可结合云端数据、线上线下数据和人工智能算法实现精准预警、洞察感知风险的功能。AI 大数据引擎覆盖全面，涉及 8 大维度、100 多个特征，覆盖工商、股权、存活、收益、舆情、经营、关注度等诸多方面。风控引擎可为大数据金融安全平台提供风险评分功能，查询方只需通过接口提供企业名称、合伙人等相关信息，风控引擎即可与大数据引擎进行关联分析，结合不良记录、不良经营等多个维度给出风险评分。大数据监管平台可实时显示、预警被监管公司及个人状况，监管范围覆盖 P2P、非法集资、贷款、传销、投资理财等方面。消费者举报查询平台可通过微信小程序为消费者提供查询和举报入口，由消费者提供涉嫌违法的公司名称及违法证据。大数据监管平台可将数据及证据交由 AI 大数据引擎，进行分析并给出结果。该平台立足解决现有金融行业在数据、算力、算法三个方面暴露的安全问题。在数据上，基于研发机构自有数据及监管单位本地数据实现数据打通，处理的数据源包括设备流、信息流、资金流、人员流等。在算力上，深度挖掘金融黑产数据和金融业务风险数据，可提供单机计算100亿点和1000多亿条边的计算能力，是传统分布式算力的100多倍。在算法上，采用机器学习与知识图谱技术，对大数据处理后形成多维度的黑产知识图谱，帮助金融机构分析检测业务中的非人交易、非本人交易、骗贷、黑中介等欺诈问题。风险和犯罪识别的准确率和覆盖率都超过95%。

实现效果。在平台试运行期间，某市金融办先后扫描25万多家从事金融业务的企业，对其中的11354家做了重点分析，识别了790家风险企业，并且对其中的19家预警并移交处置，同时面向10多个省市输出风险预警。

第三节　大数据技术在金融领域应用的风险、挑战与展望

一、大数据技术在金融领域应用的风险

数据垄断风险。部分企业在经营展业过程中积累了大量数据信息，对其大数据技术的研发、应用产生了正向反馈。大数据技术实力的提升，进一步增强了其对数据的采集、分析、利用等能力。数据量及技术能力之间互相促进的现象，可能导致数据向部分企业集聚，客观上造成数据垄断的风险，进而对金融领域产生不利影响。比如，数据垄断可能使得垄断者占据市场支配地位，对潜在进入企业形成进入壁垒，不利于行业充分竞争，导致数据获取、使用成本畸高，并最终对大数据技术在金融领域应用的深入产生不利影响。

数据安全风险。部分大数据基础平台在设计之初，主要考虑在可信内部网络中使用的情况，在用户身份识别、授权访问、密钥管理及安全审计等方面有所欠缺。虽然，在后期应用过程中得到了持续的改进，但其整体安全保障能力依然较弱。此外，对一些缺乏可信检测认证的开源软件的应

用，使得平台对软件漏洞和恶意后门的防范能力不足，可能产生数据安全方面的隐患。大数据技术汇集了多样化海量数据，且数据访问大多依托开放式网络环境和分布式系统，任何数据安全保护的疏漏均可能导致严重后果。加之金融领域具有典型的强监管特征，对于数据安全方面的风险也就更为敏感。事实上，在数据采集、整理、储存、分析、提取等过程中，都曾出现过安全风险事件，值得各方提高警惕。

隐私泄露风险。一般来说，单点信息的价值和可利用性较低，不会直接暴露客户隐私。但是，在网络环境下，客户产生的各类数据通常具有一定的累积性和关联性。一些金融机构为获得更高的数据使用价值，可能会运用大数据技术对多点信息进行关联分析甚至过度挖掘，导致客户隐私泄露的风险有所提升。同时，金融领域数据敏感性通常较高，在数据保护环境尚待完善的情况下，随着大数据技术应用的深化，部分个人敏感信息难以避免被有意或无意地搜集、存储和分析。此外，一些非法的个人隐私信息交易更是进一步加剧了隐私泄露的危害，助长了广告推销轰炸、网络诈骗等违法违规行为，甚至可能对金融消费者身心健康和财产安全造成严重的负面影响。

二、大数据技术在金融领域应用的挑战

顶层设计和统筹协调有待进一步加强。传统的金融统计、反洗钱、征信等业务均是在特定制度框架下推动的，已形成一套较为完善的配套行业基础设施。该行业基础设施的建设完善需要一定成本，其正在且仍可继续为金融领域提供有力的支撑。然而，随着大数据理念的引入，各类场景中数据的深度和广度需在原有基础上进一步扩展，期间可能需要放弃部分尚有一定价值的前期投入、转变一些前期形成的既有观念。此外，推动大数据技术在金融领域的应用，同时涉及 IT 部门和业务部门，甚至还会涉及金融与公安、工商、海关、税务等其他部门和外部机构的数据共享问题，需要加强更高层面的顶层设计和统筹协调。

数据管理制度有待进一步健全。在大数据技术的应用实践中，数据经常脱离其所有者的控制范围，存在数据所有者和使用者不同、数据所有权

和使用权分离的情况。目前，我国数据管理制度尚不健全，仍需进一步完善规范数据所有者对使用者的授权、划定数据保护等级等方面的工作，在数据共享、融合等过程中更好地兼顾数据的保密性、完整性和可用性。在金融机构及金融科技公司内部，数据处理流程包括采集、整理、储存、分析、提取等，数据使用过程中经手部门和环节较多，任何一个环节的管理不当都可能引发信息泄露风险。而且，越是处于流程后端的环节，数据价值被挖掘越充分，信息泄露造成的影响也就越大。

监管规则与技术标准有待进一步完善。金融行业对业务连续性保障的要求较高，须确保大数据技术路线下的系统安全稳定。由于针对金融行业的大数据技术应用法律法规和明确可操作的标准规范有待进一步细化和完善，当前金融机构基于效益最大化原则，应用大数据技术重点关注功能创新和性能提升，容易忽视大数据技术基础平台的代码质量、安全管理等方面问题。由于各类大数据开源组件缺少严格的测试管理和安全认证，一旦出现程序漏洞和恶意后门，将会产生难以估量的严重后果。

数据孤岛现象有待进一步缓解，沉淀数据仍需开发。实现大数据价值的关键是对多源数据进行充分融合和深度挖掘，按照一定的逻辑关系，有序地对数据进行组织和管理，并结合实际需求综合运用多种分析方法，才能更好地发挥出数据的真正价值。如果数据以孤岛形式散落于不同的机构或部门之中，对各类分析方法的综合运用很有可能会受到数据维度及样本量方面的限制，从而难以充分挖掘出数据的价值。然而，在过去较长时间内，金融机构以条线化的业务运营模式为主，在数据共享方面缺少统一的标准、制度和安全有效的数据共享解决方案，数据资源往往分散地沉淀在不同的业务系统中，难以有效地综合利用。加之在商业利益驱使下，金融机构共享数据的动力不足、意愿不强，也一定程度地对数据流通、整合形成了客观上的阻碍。此外，金融机构受新旧系统对接、数据标准变化等因素制约，沉淀数据难以用于分析或需经过较为复杂的处理后才能用于分析，充分挖掘其价值还需开发合适的技术方案。

三、大数据技术在金融领域应用的展望

金融大数据治理重要性和必要性日益突出。随着 2018 年《欧盟数据

保护通用条例》（GDPR）的正式出台，数据保护和数据治理在全球范围内已引起各行业高度重视。从我国情况看，随着《网络安全法》《银行业金融机构数据治理指引》等相关法律规范出台实施，各金融机构、互联网科技公司正加快建立健全个人信息保护、数据治理等方面的管理制度，在依法合规和加强消费者保护前提下运用大数据技术成为行业基本共识。

大数据技术逐步成为金融领域关键竞争力。随着金融交易、行为等数据的积累，大数据技术成为各金融机构和互联网科技企业盘活数据资源、实现数据价值的重要手段。大数据技术掌握和运用程度将成为金融领域一项关键竞争力。比如，通过大数据精准营销推广，从业机构能够深挖客户需求，取得市场先机；通过大数据风控技术，从业机构能够提高资产管理水平，改善资产质量。

大数据技术在金融领域的应用将加速深化。信息化时代背景下，金融业务创新越来越依赖大数据实时分析能力。越来越多的金融机构正通过建立业务、数据、技术间全流程多层级协同工作机制，建立数据需求的分类统筹管理和快速实施响应模式，形成大数据成果快速复制推广机制，促进项目成果尽快转化为业务价值。

第四节　推进大数据技术在金融领域应用的对策建议

一是加强金融大数据战略的顶层设计。监管部门应统筹考虑数据采集范围、数据组织管理，以及如何在数据传输和共享过程中兼顾其保密性、完整性和可用性，做好数据的顶层设计和统筹协调，综合运用制度、标准、技术等手段，实现金融数据的遴选、采集和集中整合，夯实行业数据基础设施建设。同时，可综合运用多种数据分析方法，提升金融监管与宏观调控的预见性、针对性和有效性。

二是加强金融领域数据安全制度建设。应严格执行已出台的《中华人民共和国网络安全法》《银行业金融机构数据治理指引》等制度规范，结合金融行业实际情况，加快研究完善个人信息保护、数据共享安全、跨境数据传输安全、大数据基础平台安全等领域的标准规则，明确各类数据的保护等级和对应措施，规范引导金融机构在合规前提下应用大数据技术。同时，应加大行业重点信息及个人敏感信息保护力度，联合司法部门加强对各类违法违规行为的打击。

三是加强金融大数据安全标准规范研制。应研究制定全行业统一标准规范，统一各金融机构对业务范围界定、业务数据报送口径等方面的理解，推动数据共享和业务协同。应综合考虑监管需求和行业特征，研究制定金融领域大数据安全和个人信息保护参考框架，持续完善重点信息保护标准规范，并根据数据的不同安全级别建立相应的保障机制。同时，可结合数据生命周期不同阶段的数据安全问题，对不同主体有针对性地提出管理和技术要求。

四是多方合力促进数据交流共享。一方面，可依托不断强化的顶层设计和统筹规划，统筹考虑不同机构间的数据资源，推进完善金融领域大数据基础设施，并在依法加强安全保障和隐私保护的前提下，明确各金融机构数据共享的范围边界和使用方式，稳步推动数据资源开放和共享。另一方面，可充分发挥行业自律作用，通过政策宣贯、标准研制等多种途径，深化金融机构对数据共享重要性的认识，减小金融领域数据共享的阻力，配合监管部门形成合力，打破数据孤岛、促进数据共享。

第六章 金融科技监管的国际趋势与政策启示

第一节 倡导正确理念，服务实体经济

服务实体经济是金融的天职和宗旨，也是金融科技发展的生命力所在。金融科技作为技术驱动的金融创新，其本质仍然是金融。服务实体经济是金融的天职和宗旨，也是金融科技发展的生命力所在。这个基本发展导向是当前各国普遍通行的理念。比如，美国《金融科技框架》白皮书明确提出，拓展安全、公平、可负担的融资渠道，更好满足个人和小微企业资金需求从而支持经济增长，是金融科技发展的重要政策目标。英国《金融科技产业战略》提出，通过将目标定位为大型银行服务无法覆盖的市场，金融科技企业更加有效地为小微企业提供信贷支持。国际货币基金组织和世界银行也建议各成员国将金融科技主题纳入国家普惠金融战略。

=== 专栏6-1 ===

巴厘金融科技议程鼓励应用金融科技促进普惠金融发展

2018年10月，国际货币基金组织和世界银行应成员国呼声制定《巴厘金融科技议程》，指出金融科技可增强全球金融服务供给，降低市场进入门槛，提高金融普惠性和可得性，促进市场竞争和创新，同时，还要积极有效应对金融科技可能带来法律、监管、货币金融体系及国际监管合作等方面的挑战。

金融科技带来了经济金融发展的新机遇。一是可显著影响和增强全球

金融服务的供给，并可带来广泛的社会经济效益。二是有助于提高金融服务可得性。三是可降低市场进入门槛，缩小信息不对称，降低运营和合规成本，提高市场竞争性，促进创新。四是有助于从市场覆盖、客户信息、商业可行性等方面提高金融普惠性，并通过改善市场基础设施和市场深度来促进金融市场发展。

国际货币基金组织和世界银行建议各成员国政府，鼓励采纳金融科技以促进普惠金融和发展金融市场。一是将金融科技主题纳入国家普惠金融和金融素养战略，并考虑建立专职部门追踪金融科技发展，促进其发展。二是促进教育以避免数字鸿沟。三是促进公共部门和私营部门间信息共享和知识互换以及合作关系。四是推动政府支付数字化。

发展金融科技的初心是运用网络信息技术为金融提质增效，更好地服务实体经济、防控金融风险、深化金融改革。一是坚持需求引领，鼓励从业机构紧扣经济社会发展需要，合理运用网络信息技术，破除制约金融服务实体经济的瓶颈，增强金融供给对实体经济需求变化的适应性和灵活性。二是坚持普惠民生，引导从业机构在多层次金融市场和服务体系中找准定位、精准发力，充分发挥移动互联网、大数据等技术优势，降低金融服务门槛，加大对长尾客群的服务力度，努力实现金融服务广覆盖。三是坚持积极稳妥，严厉打击搞脱离自身发展阶段、超出自身风险管控能力的过度创新，以及打着改革创新的旗号搞规避金融监管、触碰法律底线的伪创新。

第二节　加强风险防范，完善多元治理

随着驱动技术在金融领域应用的不断深入，风险防控作为金融科技行业生命线的地位更加突出。经过一段时期的跟踪观察与分析总结，国际上对金融科技的潜在风险逐渐达成共识。金融稳定理事会分析认为[1]，金融科技的风险涉及微观金融风险和宏观金融风险两个层面，包括可能会产生

---

[1]　Financial Stability Board. Financial Stability Implications from FinTech, 2017.

期限错配风险、带来不可预知的风险传染源、放大对金融体系的冲击等，还特别指出金融监管部门要关注来自第三方技术服务提供商的操作风险和网络风险。因此，注重风险防控是各国发展金融科技的共性做法，也是必然趋势。比如，七国集团（G7）发布《G7 金融领域第三方网络风险管理基本要素》，对金融部门第三方网络风险管理给出了指导意见。英国金融科技产业发展战略指出，在金融科技领域政府趋利避害的定位十分重要①，美国《金融科技框架》白皮书提出，相对于广义的金融行业，金融科技所占比重虽相对较小，但必须识别防范其对金融稳定带来的潜在风险②。

=== **专栏 6-2** ===

金融稳定理事会总结提出金融科技风险与需要关注的十个问题

2016 年 6 月，金融稳定理事会发布了金融科技对金融稳定的影响及各国应当关注的金融科技监管问题的报告。报告界定了金融科技的范围，概述金融科技发展的驱动力，分析金融科技对金融稳定的潜在收益和风险，评估金融科技前景，识别值得关注的金融稳定相关监管问题。

报告概述了金融科技的驱动力对市场集中度、竞争和构成三个方面的影响。在此基础上，分析金融科技对金融稳定的积极影响。一是金融科技带来许多领域的去中心化和多样化。二是金融服务创新可能带来更高的效率。三是更多更好地使用数据有利于降低金融科技领域的信息不对称。四是有利于提高金融服务的可获得性和便利性。

报告从微观和宏观两个层面总结了金融科技对金融稳定的消极影响。微观方面包括金融机构的信用风险、流动性风险、杠杆、期限错配风险和操作风险等；宏观方面包括传染性、顺周期性、过度波动性和系统重要性等。报告建议各国应当将金融科技纳入现有的风险评估体系和监管框架，并对监管框架进行评估，以减少金融科技的潜在风险并提高监管效能。

报告还提出了十个需要金融监管部门关注的问题，包括：管理第三方服务提供商的操作风险；降低网络风险；监测宏观金融风险；跨境法律考

① HM Treasury. FinTech Sector Strategy: Securing the Future of UK FinTech, 2018.
② National Economic Council. A Framework for FinTech, 2017.

量和监管安排；支持大数据分析的治理和披露框架；评估监管范围并及时更新；与私营部门沟通交流金融科技发展情况和经验；进一步开发相关当局间的沟通渠道；储备金融科技新领域的人才；研究数字货币的替代配置。

防范化解金融科技风险，应建立并完善法律约束、行政监管、行业自律、机构内控、社会监督"五位一体"的金融科技治理体系。一是严格法律约束，应充分利用和严格执行现有法律法规，按照实质重于形式的原则，将金融科技活动全面纳入法制化轨道。二是强化行政监管，加强金融监管部门及中央和地方监管的统筹协调，实施穿透式监管和一致性监管，推动审慎监管和行为监管协同发力。三是加强行业自律，推进基础设施建设、统计监测、信息披露、信息共享、标准规则、投资者保护等工作，督促引导从业机构合规审慎经营，增强投资者金融素养和风险防范意识。四是做好机构内控，持续提升风险防范的意识，加快培育合规文化，切实改进公司治理和内控管理，抓紧完善全面风险管理安排，使金融科技创新可能带来的各类风险始终处于可管、可控、可承受范围内。五是深化社会监管，提高投诉、举报等渠道的便捷性和可获得性，完善有奖举报等正向激励机制，鼓励法律、会计、评级等中介机构开展专业监督，注重在理财咨询、购买产品等方面，分类开展金融知识普及教育。

第三节　坚持技术中立，强化功能监管

金融科技作为科技驱动的金融创新，金融的本质和适用的监管并未因此发生改变。目前，大多数国家和地区的金融监管部门按照实质重于形式的原则，坚持技术中立原则，强化功能性监管，抓住金融科技的金融本质，将各类创新业务按照其金融功能纳入现有监管体系，坚持对金融科技和传统金融的一致性监管。比如，2018年3月，墨西哥国会通过了《金融科技法》，该法案紧扣金融本质，以金融稳定为首要目标，厘定金融科技机构的服务属性、业务边界等。2018年3月，欧盟委员会制订并发布了《金融科技行动计划》，将技术中立原则作为金融科技监管的基础，并提出建立清晰一致的牌照监管制度。2018 年 7 月，美国货币监理署（OCC）宣布将接受从事银行业务的非存款金融科技公司的银行牌照申请，获得牌照的金融科技公司需要满足与同类银行一致的标准。

=== **专栏 6-3** ===

欧盟委员会坚持以技术中立原则为基础的金融科技监管

2018 年 3 月，欧盟委员会发布《金融科技行动计划》，主要内容包括大规模众筹行业改革、建立欧盟金融科技实验室、制定监管沙箱最佳实践蓝图、推动网络安全工作以及提出欧盟区块链倡议等。总体目标是使欧盟的规则更加面向未来，并与技术的快速发展保持一致。

为促进商业模式创新成长、引入新技术、增强网络安全性以及金融系统完整性，金融科技行动计划主要关注八大领域：建立清晰一致的牌照监管；检讨现有政策的适用性，保障金融领域新技术的应用；根据欧洲监管部门的指导，提出一份关于监管沙箱的最佳实践蓝图；消除云服务的障碍；提出一个跨行业的欧盟区块链倡议；建立欧盟金融技术实验室，提高监管能力和新技术知识水平；利用金融科技支持零售投资产品在单一市场的销售；改善欧盟金融部门应对网络安全风险的方式。

欧盟委员会在坚持技术中立原则的基础上推进金融科技监管，一方面通过监管沙箱等模式推动金融科技的发展，通过科技进步推动欧盟各成员国经济发展，保持欧盟长期竞争力；另一方面在维护金融稳定，确保金融安全，保护消费者及投资利益方面严格立法。

此外，欧盟委员会明确提出建立清晰一致的牌照监管制度，并指出未来将要做的工作包括：澄清各项服务适用的欧盟立法框架；评估对建立欧盟框架以覆盖创新商业模式的需求；为各国监管部门提供指引以确保制度更加一致。

坚持金融科技监管的技术中立，应遵循一致性原则和穿透性原则，强化金融科技的功能监管。一是确立一致性的监管要求，无论何种类型的机构，只要从事金融业务，提供金融服务，就必须接受基本一致的市场准入政策、经营行为规范等。二是穿透金融科技业务本质，应根据金融科技业务功能属性，纳入现行金融监管框架，进行归口分类监管。三是对风险突出领域加强防控，重点关注是否存在募集公众资金、公开发行证券、从事资产管理和交易等行为，在这些特许经营领域实施较为严格的准入管理。四是结合金融科技网络特性，加强信息披露、金融消费者保护等方面的监管要求。

第四节　关注技术发展，善用监管科技

金融科技的发展既带来业务、技术、网络、数据多重风险叠加的挑战，也带来金融监管实现数字化、自动化和实时化的机遇。一方面，为应对金融科技发展带来的金融监管挑战，各国金融监管部门应针对技术本身及其应用进行研判，避免急于推广不成熟技术，并对技术应用可能产生的风险进行监测与预警，以求早发现、早化解、早处置；另一方面，也应广泛探索利用技术手段，推动金融监管的数字化、自动化和实时化升级，进一步提升监管效能。比如，美国政府责任署（Government Accountability Office，GAO）指出[1]，金融科技的发展可能导致监管例行检查之外的领域出现风险，因此需要金融监管部门持续监控。对于智能投顾的监管，新加坡金融管理局（MAS）在2017年6月发布咨询文件，认为其容易受到算法、网络等引发的技术风险，计划制定监管框架以监控和测试技术算法。自2016年起，英格兰银行（BoE）便与各类金融科技公司合作，进行了机器学习、数据分析、区块链和网络安全等技术在金融领域应用的概念验证（Proof of Concept），探索了多项技术在金融监管中的应用[2]。2018年2月，英国FCA发布《关于利用技术实现更加智能的监管报送的意见征询报告》[3]，计划探索将监管规则翻译成机器语言命令，并对机构数据库进行自

---

① U. S. Government Accountability Office. Financial Technology：Additional Steps by Regulators Could Better Protect Consumers and Aid Regulatory Oversight，2018.

② https：//www. bankofengland. co. uk/research/fintech/proof - of - concept，最后登录时间：2018年11月4日。

③ Financial Conduct Authority. Call for Input：Using technology to achievesmarter regulatory reporting，2018.

动访问，实现实时监测。

═══ 专栏 6 – 4 ═══

英国金融科技产业发展战略关注探索技术应用的收益和风险

2018 年 3 月，英国财政部发布《金融科技发展战略》，在阐述英国金融科技现状和政府已有支持措施的基础上，宣布了一系列旨在解决金融科技领域所面临挑战的全新举措，以充分抓住金融科技带来的良好机遇，确保英国始终处于金融科技发展的领先地位。

为应对英国金融科技公司面临的一系列挑战，政府充分运用各种方法解除这些行业痛点。比如，2017 年，FCA 联合英格兰银行共同探索机器可执行的监管报送方案，通过创建规则链接目录，将规则转换为机器可执行的格式，并映射到金融科技公司的数据库，实现实时监测，大大节省了人力成本，提高了数据的准确性和灵活性。

同时，英国政府积极与行业合作，探索金融科技的应用场景，评估金融科技的收益和风险。比如，英格兰银行正在探索实时全额结算系统（RTGS）如何与一系列未来潜在的中央货币结算方式相互作用，并将开展一项概念验证项目，旨在了解 RTGS 如何与基于分布式账本技术的创新清算系统连接。英国财政部、英格兰银行和 FCA 还将共同组建一个加密资产工作组，旨在进一步探索加密资产的风险及底层分布式账本技术的潜在收益，评估相关部门未来在监管等方面对加密资产和分布式账本技术的反应。

面对金融科技带来的挑战和机遇，应遵循金融发展和科技发展的客观规律，做好对新兴技术的前瞻研究，加快发展和有效运用监管科技。一是加强对潜在风险的深度研判，提升对新技术应用的洞察力和敏感度，在金融的长周期中观察和检验金融科技的效益和风险，对于新技术可能带来的风险要早研判、早分析、早报告、早处置，避免风险的扩散和蔓延。二是规范新兴技术的合理应用，引导机构审慎选择相对成熟可靠、适应业务发展的网络信息技术，要求机构同步具备与业务复杂程度相当的风险管理能力。三是强化金融科技基础设施的监管，建立和完善技术基础设施监管方案，对基础性和关键性信息系统定级备案和等级测试，鼓励行业自律组织建立技术监督管理机制。四是运用科技提升监管效能，利用网络信息技术改进金融科技监管的流程和水平，积极探索监管政策和合规要求的代码化，研究推动建立基于云计算、大数据等技术的数字化监管体系。

第五节　优化管理机制，促进合规创新

为平衡金融科技的发展和风险，各国普遍致力于建立完善一个兼具适应性、有效性和创新性的金融科技创新管理机制。部分国家已经推出监管沙箱机制，为金融科技创新提供"缩小版"的真实市场和"宽松版"的监管环境，从而在可控范围内为金融科技创新留出容错、试错的空间。比如，英国FCA在2016年5月推出沙箱监管计划，在有限的客户数量、时间等范围内，允许参与的金融科技企业对新产品或新服务进行测试。监管沙箱推出不久，便受到国际上的广泛关注。继英国之后，新加坡、澳大利亚、中国香港、阿布扎比、迪拜、中国台湾等国家和地区也陆续探索沙箱监管制度，引导金融科技规范有序发展。2018年7月，美国财政部发布《创造经济机会的金融体系：非银金融、金融科技和创新》报告，也建议设立监管沙箱。此外，英国创新金融协会（Innovate Finance）、东盟金融创新网络（AFIN）等行业组织还在积极探索行业沙箱机制。

═══ **专栏6-5** ═══

英国金融行为监管局对监管沙箱实施经验的总结

2017年10月，英国金融行为监管局（Financial Conduct Authority，FCA）发布报告，对监管沙箱（Regulatory Sandbox）启动实施以来的进展进行了阶段性总结，认为其经过为期一年共两批测试项目的运行，已初步证明成功达到预期的总体目标。

一是监管沙箱可减少创新落地所需的时间和成本。企业在测试过程中的直接反馈及测试结束后提交的报告均表明，监管沙箱在帮助企业更好地理解监管框架、加速产品进入市场和减少外部合规咨询费用等方面发挥了重要作用。二是监管沙箱有助于创新企业获得资金支持。企业参与测试本身，以及在测试过程中 FCA 对企业进行的监督都增加了监管确定性，为投资者提供了一定程度的保障。三是产品可以在监管沙箱得到测试并引入市场。监管沙箱测试可以帮助企业了解消费者对不同定价策略、传播渠道、商业模式和新技术的接受程度，企业可以基于收到的反馈信息对其商业模式进行持续评估和改进。四是监管沙箱可以使 FCA 和创新企业一起为新产品和服务采取适当的消费者保护措施。FCA 为所有测试提供了一套标准的保障措施，并为一些特定情况提供额外的定制化保障措施。

FCA 认为，许多测试指标都表明监管沙箱在促进市场竞争方面取得了积极进展，竞争的改善将为消费者和其他金融服务用户带来更高的价值，特别是一些指标表明，监管沙箱开始在价格和质量方面显现出积极的效果。但 FCA 也表示，虽然监管沙箱为参与测试的企业提供了量身定制的市场环境，然而有许多企业测试创新时可能遇到的挑战仍难以解决，包括银行服务的可获得性、消费者的可获得性、数据的可获得性、授权的可获得性。

参考借鉴监管沙箱等新理念新工具，在做好金融消费者权益保护和维护金融稳定的前提下，研究建立能够试错、容错、查错、纠错的包容性创新管理机制。一是发展真正有价值的金融科技创新，将是否有利于提升服务实体经济效率和普惠水平、是否有利于提高金融风险管控能力、是否有利于加强金融消费者保护这"三个有利于"作为衡量和评判的基本原则。二是充分评估金融科技创新潜在风险，加强信息披露，开展风险可控范围内的试点验证。三是按照风险和监管匹配的原则，根据法律授权对小额分散、范围有限、复杂程度低、系统重要性小的部分业务领域适度简化监管程序，有条件地适当降低机构合规成本。四是可考虑探索依托行业自律组织牵头建立行业沙箱，邀请相关企业、消费者、学者和监管部门共同参与，建立更灵活的创新验证机制。

第六节　强化行业自律，推进标准建设

强化金融科技领域行业自律，促进监管和自律有机协调配合，是各国在平衡创新与风险、加强监管与市场沟通方面采取的较为普遍的做法。除了中国专门成立了中国互联网金融协会，从其他各国实践也能看到行业自律作用在不断加强。比如，英国在确定由金融行为监管局负责P2P网络借贷和股权众筹监管之前，从业机构就分别成立了对应的自律组织网贷协会和众筹协会，2014年还成立了英国创新金融协会。2016年6月至2017年4月末，该协会受英国行为监管局委托组织开展了关于由行业主导、测试金融科技创新的"行业沙箱"的可行性调研与方案设计。美国的几家大型网贷机构则成立了市场借贷协会（MLA）。新加坡、日本、俄罗斯、卢森堡都相继成立了金融科技协会，加强行业自律和同业交流。

═══ **专栏 6 - 6** ═══

美国《金融科技框架》促进金融科技安全可持续发展

2017年1月，在奥巴马总统卸任前夕，美国国家经济委员会响应金融科技行业需求，发布了《金融科技框架》白皮书，肯定了金融科技的潜力和作用，阐述了政府关于金融科技的政策目标和十大原则。

白皮书对金融科技的定义较为宽泛和综合，认为金融科技包括影响金融活动的一系列技术创新。其中，受影响的金融活动包括支付、投资管理、融资、存贷款、保险、监管合规以及其他金融服务形式。技术创新包括移动支付、在线借贷、基于算法的储蓄和投资工具、虚拟货币、生物识别验证以及通过算法、大数据、人工智能等技术实现的中后台业务自动化。

白皮书提出了发展金融科技的十大原则，包括：站在全局角度思考金融生态系统；将消费者放在首位；促进普惠金融和个人财务健康；识别并规避技术上可能存在的偏见；最大限度提高透明度；努力实现互操作性和协调技术标准；将网络、数据和隐私保护贯穿始终；提升金融基础设施的效率和效能；维护金融稳定；持续加强跨部门参与。

白皮书详细阐述了行业标准、信息披露、网络和数据安全对于金融科技行业发展的重要性，并强调了包括企业和监管部门在内的金融科技相关参与方应共同推动这些基础性工作。

同时，各国对于标准在金融科技发展中的基础性、战略性作用日益形成共识。比如，二十国集团《数字普惠金融高级原则》鼓励数字金融服务提供商采用高于通行法律要求的自律标准。欧盟委员会《金融科技行动计划》提出启动欧洲区块链标准化行动，着手起草区块链标准化欧洲白皮书。2016年4月，国际标准化组织ISO在金融服务技术委员会（TC68）成立了一个金融科技技术咨询组，还专门成立了区块链和分布式记账技术委员会（TC307）。美国《金融科技框架》白皮书强调，从业机构要增强金融科技领域技术标准的互操作性和协调性，帮助消费者减少使用不同产品和服务时的不适应感，同时也有助于业界将最佳实践应用到更广阔范围。

附　录

1. 英国财政部《金融科技产业发展战略》

2018 年 3 月，英国财政部发布金融科技产业发展战略，阐述了英国金融科技现状和政府已有支持措施，宣布了一系列旨在解决金融科技领域所面临挑战的全新举措，以充分抓住金融科技带来的良好机遇，确保英国始终处于金融科技发展的领先地位。

一、英国金融科技现状和政府已有支持措施

英国金融科技活跃度快速提升，已逐渐发展成为一个产业。2017 年 3 月，英国开展了金融科技普查，结果显示：（1）2014—2016 年，英国金融科技公司年均收入增长 2％。（2）金融科技正在不断改变金融服务供给方式：在英国经常应用数字技术的成年人中，超过 42％ 现在至少享用 1 家金融科技公司提供的服务；超过 2000 万的英国人已使用银行 APP 更便捷地进行自身财务管理。（3）金融科技提供了经济增长的新动力，比如，通过将目标定位为大型银行服务无法覆盖的市场，金融科技公司更加有效地为小微企业提供了信贷支持。

从 2010 年开始，英国各届政府积极作为，大力支持金融科技发展。（1）赋予英国金融行为监管局（FCA）促进竞争的主要职责，使其探索通过建立创新中心（Innovation Hub）和监管沙箱（Regulatory Sandbox）等支持金融科技公司发展。（2）创设新的支付系统监管部门，促进支付系统基

于消费者和行业利益拥抱创新，并确保挑战者银行（Challenger Banks）和金融科技公司等可以公平接入支付系统。(3) 立法支持非银行支付服务提供商可以直接接入支付系统。(4) 立法要求大型银行分享小微企业信贷数据，并将被其拒绝的客户推荐给指定平台，从而为小微企业拓展更多元的融资渠道。(5) 采取行动为 P2P 网贷机构及其他替代性融资机构创造公平环境。(6) 针对保险科技等金融科技子领域提供特别支持，减少发展阻碍。(7) 英格兰银行也创建了金融科技加速器，旨在和金融科技企业一起探索新兴技术在中央银行业务中的创新应用。(8) 采取行动促进英国人工智能技术发展，力争成为全球领导者之一。(9) 通过与中国、韩国、新加坡、中国香港等国家和地区构建"金融科技桥"，推动英国金融科技国际化。(10) 直接通过股权投资等方式支持金融科技公司和挑战者银行发展，如 2017 年 5 月，通过"英国商业银行项目"投资了约 395 亿英镑。此外，英国政府还在推动"开放银行"计划，要求英国最大的 9 家银行通过安全的渠道向第三方开放现金账户，以便提供更满足消费者和小微企业需求的创新产品。

二、英国应对金融科技挑战的主要举措

一是降低金融科技公司的合规成本。24% 的金融科技普查受访者认为，监管合规是金融科技企业的主要挑战之一。由于不熟悉监管框架、业务不合规等原因，英国金融机构每年直接合规成本达 10 亿美元，隐性成本则数倍于此，与大型金融机构相比，金融科技初创企业合规成本负担更为沉重。FCA 分别于 2014 年和 2016 年启动"创新中心"和"监管沙箱"两个项目，帮助金融科技公司以更低成本达到监管要求。2017 年，FCA 联合英格兰银行共同探索机器可执行的监管报送方案，通过创建规则链接目录，将规则转换为机器可执行的格式，并映射到金融科技公司的数据库，实现实时监测，以提高数据的准确性和灵活性，减少合规成本。

二是强化金融科技专业人才供给。58% 的金融科技普查受访者表示，吸引到胜任和适合的金融科技专业人才是其排名前三的挑战之一，特别是具有编程和软件技能的专业人才。英国政府将积极采取措施支持金融科

专业人才的培养和引进：（1）加大奖学金投入，鼓励学生选择数学、计算机等专业深造。（2）增加培训课程提升相应专业教师的技能。（3）改革课程体系，联合金融科技公司教授行业所需技能。（4）汇聚政产学研力量组建编程研究院，增加高层次人才供给。（5）国家和地方组织联合成立数字技术联盟，应对技术挑战。（6）优化"人才签证"等计划，引进全球技术精英。

三是拓宽金融科技企业融资渠道。34%的金融科技普查受访企业将获得股权融资视为一大关键性挑战。英国政府认识到这一问题，已推出一项年限超过十年、金额超过200亿英镑的投资创新企业的行动计划：（1）在商业银行设立新的投资基金。（2）通过企业投资计划和风险投资信托大幅提升对创新知识密集型企业的融资支持力度。（3）投资一系列大型私营部门基金。（4）通过商业银行现有企业资本基金计划支持首次担任或新担任的基金经理。（5）通过国际贸易部支持对英国风险投资的海外投资。

四是改进新型金融科技服务并增强市场竞争。49%的金融科技普查受访企业将吸引消费者使用其产品作为一大关键性挑战。"开放银行"计划可帮助金融科技公司解决如何让客户采用其产品的挑战。该计划通过应用程序接口使客户的银行账户和金融科技公司账户共享访问权限，有助于客户获得金融科技公司提供的财务咨询、信用评估、即时付款等服务。通过零售银行采用的标准化应用程序接口，金融科技公司简化了产品配置流程并降低成本。英国金融服务贸易和投资委员会也在采取措施帮助金融科技公司能够在细分市场与现有公司开展公平竞争。

五是提供国内和国际市场准入。金融科技企业需要为其产品和服务寻找到稳定的国内外市场以确保自身的发展壮大，这也是金融科技企业在未来面临的关键性挑战之一。英国政府推出的应对举措包括：（1）推动与现有企业展开合作。38%的金融科技普查受访企业表示，与成熟企业建立伙伴关系是其面临的重大挑战之一，英国政府希望通过设计一系列行业标准促进金融科技企业提供的产品和服务更有针对性，更好适应和匹配现有不同企业的多样化需求。（2）支持境外扩张和投资。25%的金融科技普查受访企业表示，境外扩张和投资是其主要挑战之一，英国政府将与其他国家和地区的政府协调合作，最大程度减少金融科技企业的境外准入障碍，并确保其增长潜力能呈现给国际投资者。英国将与澳大利亚签署一项"金融科技桥"协议，为英国金融科技企业开辟一个新的重要市场。英国金融行为监管局还正在探索实施"全球沙箱"计划，从而使金融科技企业可以同时在不同的司法管辖区域开展测试，并由监管机构开展国际合作共同识别和解决跨境监管问题。

三、英国如何把握金融科技带来的机遇

一是实现人人共享金融科技发展带来的好处。（1）获取基本数字权利。由于数字技能不具备、基础设施不完善等原因，在英国仍有相当比例的人群被数字化排斥在外，其中有9%的英国成年人从未接触和使用过互联网，很多人因此错失了数字时代带来的机遇。为此，英国政府出台法案承诺从2020年开始，向缺乏核心数字技能的英国成年人提供免费培训。同时，英国政府将在继续建设4G和超高速宽带等通信基础设施的基础上，加快开发应用新一代数字基础设施。（2）支持普惠金融发展。英国政府正在或将要通过实施项目、开展竞赛等方式，鼓励支持金融科技企业设计开发具有针对性的服务和产品，并以适合的价格向传统金融未覆盖人群提供，充分体现金融科技在普惠金融中的独特优势。（3）促进区域均衡发展。英国政府将通过继续任命金融科技区域特使，开展面向全国金融科技初创企业的人才培训等，改变金融科技发展集中在首都伦敦的局面，确保金融科技能有效覆盖英国各个区域。

二是支持和利用新兴技术的积极创新。对英国政府而言，认识理解新兴技术及其潜在影响力，从而找准自身职责定位是其在推动金融科技发展中面临的主要挑战之一。特别是针对加密资产和分布式账本技术，一方面，英国政府关注和探索其创新应用，比如，英国投资协会计划创立英国首只数字基金，利用分布式账本技术简化基金后台管理，降低管理成本，使投资者获益；英格兰银行将探索开展一系列概念验证项目，研究实时全额清算系统（RTGS）与基于分布式账本技术的创新清算系统等可以如何进行连接。另一方面，英国政府也充分认识到近期加密资产暴露出的投机炒作、价格波动等风险，英国财政部、英格兰银行和金融行为监管局将共

同组建一个加密资产工作组，进一步评估分析加密资产和分布式账本技术，明确适当的监管部门便于及时做出监管应对，以更广泛地发挥其潜在优势，防范和降低风险。

2. 英国金融行为监管局《监管沙箱实施阶段性报告》

2017 年 10 月，英国金融行为监管局（Financial Conduct Authority, FCA）发布报告，对监管沙箱（Regulatory Sandbox）启动实施以来的进展进行了阶段性总结，认为其经过为期一年共两批测试项目的运行，已初步证明成功达到预期的总体目标。该报告还首次系统分析了参与测试企业的相关情况，着重讨论了监管沙箱对市场的影响和局限性等问题。

一、FCA 监管沙箱一年来的进展

FCA 是世界上首个正式运行监管沙箱的金融监管部门，旨在从消费者利益保护出发，通过允许企业在一个真实的市场环境中测试创新产品、服务和商业模式，促进市场竞争更为有效。自 2016 年 6 月启动实施以来，FCA 监管沙箱经过为期一年共两批测试项目的运行，已初步证明成功达到预期的总体目标。

第一，减少创新落地所需的时间和成本。在监管沙箱测试中，每个测试企业均指定一名对接负责人，该负责人与企业共同推进测试，并协助企业与 FCA 专家进行沟通。企业在测试过程中的直接反馈，以及测试结束后提交的报告均表明，监管沙箱在帮助企业更好地理解监管框架、加速产品进入市场和减少外部合规咨询费用等方面发挥了重要作用，FCA 的测试数据为此提供了有力的证据：一是第一批参与企业中，75% 已经成功完成测试；二是第一批参与并完成测试的企业中，约有 90% 会继续向更大的市场推广；三是大多数在测试中得到有限授权的企业，在通过测试后获得完全授权；四是第二批参与企业中，77% 已在测试中取得进展。FCA 预计第二批通过测试的企业中，走向市场的比例与第一批接近。

第二，有助于创新企业获得资金支持。企业面临的监管风险（即监管不确定性）是投资者进行投资决策时需要考虑的重要因素。企业参与测试本身，以及在测试过程中 FCA 对企业进行的监督都增加了监管确定性，为投资者提供了一定程度的保障。与此同时，获得授权也有助于企业获得融资。对于尚未获得授权的企业而言，监管沙箱提供了更快获得授权的途径，使其能够向潜在的合作伙伴和投资者提供更多确定性，从而极大地提升企业成功融资的可能性。从测试结果来看，第一批参与并完成测试的企业中，至少有 40% 在测试中或测试后获得了投资。

第三，产品可以得到测试并引入市场。在真实环境中测试使企业有机会了解消费者对不同定价策略、传播渠道、商业模式和新技术的接受程度，企业可以基于收到的反馈信息对其商业模式进行持续评估和改进。在监管沙箱中，企业底层技术的可行性也能得到有效测试。在开始沙箱测试时，FCA 会对公司的技术和网络性能进行评估，这使得企业可以在市场上小规模测试其技术应用，同时确保采取适当控制措施，以尽量避免伤害消费者权益。这都有助于被测企业的产品成功向市场引入，对此可以从 FCA 一年多来的测试数据中找到证据：一是 FCA 提供了数量显著多于预期的测试，覆盖更多领域和产品类型；二是前两批测试中，FCA 共收到 146 份申请，其中，50 份申请获得通过，41 份已完成测试或正在测试中；三是第一批参与测试的企业中，约有三分之一在向更大市场推广前，基于测试所获经验对商业模式进行了修正。

第四，监管沙箱可以使 FCA 和创新企业一起为新产品和服务采取适当的消费者保护措施。企业通过与 FCA 密切合作，能够确保消费者保护和风险防范措施的应用与商业模式的发展保持同步。FCA 为所有测试提供了一套标准的保障措施，并为一些特定情况提供额外的定制化保障措施。比如，FCA 要求所有参与测试的企业制订一个"退出计划"，确保测试可以在任意时点结束，并且将参与测试消费者的潜在损失最小化。通过对参与测试企业的分析，可以发现：一是所有测试均符合 FCA 的标准保障措施；二是 FCA 与测试企业共同为某些测试开发了定制的保障措施；三是一家测试企业由于客户接受度低，成功执行"退出计划"。

二、参与 FCA 监管沙箱测试企业情况

前两批测试中，FCA 共收到 146 份申请，并通过了其中 50 份，但有 9 家企业因为种种原因未能参与测试。从行业分布看，FCA 鼓励所有金融行业参与测试，但前两批测试中大多数企业来自零售银行业。从地区分布看，大多数企业来自大伦敦地区，同时也有来自加拿大、新加坡和美国等国家的企业申请参与测试。从企业规模看，监管沙箱在初创企业和尚未得到 FCA 授权的企业中最受欢迎。

从技术应用角度看，尽管 FCA 并未规定企业需运用新技术才能认定其具有创新性，但正是新技术的应用使许多企业满足了 FCA 对创新性和使潜在消费者受益的要求。与此同时，大多数企业均是将新技术应用到传统金融产品或服务中，而非通过技术创造全新产品。比如，许多企业通过应用新技术来降低传统业务流程的运营成本，再通过降低价格的方式传导至消费者，使其最终受益。分布式账本技术（Distributed Ledger Technology）是前两批测试中最受欢迎的技术，共有 17 家企业在一定程度上使用了该技术。

三、FCA 监管沙箱对市场的影响

由于目前参与测试企业总体规模较小并且进入市场仍然需要一定观察期，因此尚无法判断监管沙箱对市场整体竞争性的影响。但 FCA 认为，许多测试指标都表明监管沙箱在促进市场竞争方面取得了积极进展，竞争的改善将为消费者和其他金融服务用户带来更高的价值，特别是一些指标表明，监管沙箱开始在价格和质量方面显现出积极的效果。

一是新兴技术应用。新兴技术可以在提供创新、改善现有产品和服务方面发挥关键作用，使消费者能够更加便利地享受到高质量、低价格的金融产品和服务。比如，分布式账本技术可以促进企业更有效地满足消费者和市场的需求，同时降低成本并且提高参与者之间的安全感和信任度。在测试中，多家企业探索运用基于分布式账本技术的数字货币进行跨境支

付。其中一种常见的模式是将数字货币作为中间媒介，把法定货币转换成数字货币发送给接收者后再转换成不同的法定货币，从而为消费者带来缩短到账时间和降低汇率等好处。但 FCA 在测试中也发现，交易完成时间的不确定性、数字货币价值的波动、流动性需求、交易费用以及外汇的可得性等都成为限制该测试成功的因素。

二是商业模式变化。通过监管沙箱测试，FCA 发现个人财务管理、保险、投资顾问和抵押贷款等一些传统商业模式的变化有可能产生更能满足消费者需求或更低成本的产品，从而对市场产生积极的影响。同时，FCA 发现，大企业和金融科技企业之间包括数据共享在内的合作对参与双方而言是互惠互利的，体现出了双赢的效果。一方面，大企业可以运用金融科技企业提供的灵活、智能的技术更快实现创新，避免再经历全套的研发流程；另一方面，金融科技企业可以获得更广泛的客户群体和更丰富的交易数据，并从大企业的资源、经验和知识中获益。

四、监管沙箱测试的局限性

FCA 表示，虽然监管沙箱为参与测试的企业提供了量身定制的市场环境，但还有许多企业测试创新时可能遇到的挑战难以解决。一是银行服务的可获得性。在前两批测试中，一部分测试企业被银行拒绝提供服务，特别是探索应用分布式账本技术以及希望成为电子货币或支付机构的企业。银行基于洗钱和恐怖融资风险以及其他一些因素的考虑而针对特定类别企业一概拒绝提供服务，FCA 对这类行为表示担忧，因为如果企业无法获得银行账户，就有可能无法满足 FCA 的授权要求，从而无法进入市场，甚至都无法进入监管沙箱进行测试。二是消费者的可获得性。很多参与测试的企业成功证明了其产品和服务需求旺盛，但也有一些企业在测试中难以吸引到消费者。特别是对于那些进入监管沙箱测试前没有客户基础的小企业而言，获客问题更为突出。三是数据的可获得性。由于缺乏正式的数据共享路径，参与测试的企业往往很难直接、安全和有效地从拥有所需数据的金融机构获得数据。此外，FCA 还指出，通过应用程序接口进行数据整合所花费的时间超出预期，甚至对于已经拥有新系统和新技术使用经验的企业也是如此。四是授权的可获得性。由于参与测试企业的运营模式可能无先例可循，因此评估其是否满足相关授权条件往往比评估传统企业更为复杂。在某些情况下，FCA 需要与企业进行更深入的讨论或者要求企业提供更多的额外信息，并且部分企业由于商业模式问题，导致其更难满足获得授权的监管要求。

3. 美国财政部《创造经济机会的金融体系：非银金融、金融科技和创新》

2018 年 7 月，美国财政部发布《创造经济机会的金融体系：非银金融、金融科技和创新》报告，围绕支持非银金融机构、发展金融科技、促进创新等目标，评估美国现有金融监管体系，并向相关监管部门提出 80 余条建议，内容涉及金融监管体系改革、金融科技业态监管、监管沙箱和监管科技。这是特朗普政府发布金融监管核心原则后，对金融体系作的首次全景式分析，相关结论建议可能成为今后施政参考依据，并引起各方热议。

一、报告背景

报告是美国财政部依据总统执政新方针，对美国金融监管体系首次作出全景式分析的重要成果之一。2017 年 2 月，特朗普签署第 13772 号行政命令，发布金融监管的七项核心原则，命令财政部按照上述原则重新审查现行金融监管体系。内容涉及改善金融监管、防范金融风险、保护金融消费者、提升企业竞争力、维护美国国际利益等。目前，财政部已相继发布主题为银行和信用社，资本市场，资产管理和保险，非银金融、金融科技和创新的四份监管体系评估报告。

报告认为美国金融服务格局已发生重大变化，并呈现新的趋势。一是许多初创金融科技企业已渐趋成熟，并广泛应用各项技术提供金融服务。二是大型科技企业已涉足金融业，主要提供支付和信贷等服务。三是传统金融机构在创新倒逼下开始布局金融科技。四是技术进步、经济数字化、资本涌入等因素，正在显著重塑金融服务体系。

二、报告关于美国金融监管体系的问题分析及建议

美国在金融创新方面仍处于全球领先地位，但其监管体系也存在一些可能导致优势地位逐渐丧失的问题。一是金融监管不协调。各州金融监管标准不同甚至互相矛盾，推高企业合规成本，限制企业大范围创新的能力。二是金融监管不灵活。监管部门存在技术手段不足、技术获取途径受限、认识创新不够、缺乏创新包容等问题，致使金融监管滞后于市场发展、阻碍有益创新。

监管部门已着手力求解决上述问题。主要包括：起草监管示范法，开发覆盖62个州或地区的全国跨州许可系统，启动旨在助推各州实现非银金融机构（含金融科技企业）监管现代化的"展望2020"项目，设立创新联络办公室，组织跨部门工作小组，签署跨境合作协议等。

为推动金融监管现代化，建议一是加快统一金融监管。更加统一的许可制度和监管程序有助于实现更大程度的监管协调。比如，国会应在必要时通过立法统一贷款和支付等监管；货币监理署应审慎地推进对特殊目的国家银行牌照的申请（持有该类牌照的机构执行统一的国家银行规则，而不必分别申请各州的相关许可，以降低其全国展业的合规成本）；银行业监管部门应提高对第三方供应商监管指引的一致性；联邦和州监管部门应探索"监管沙箱"以推动创新。二是进一步加强监管与市场的沟通。国会应通过立法，授权监管部门简化联邦采购程序，更便捷地开展技术研发和项目概念验证等活动；监管部门应加强行业沟通，定期审查现有法规能否以最经济的方式实现目标。

三、报告关于关键领域金融监管的问题分析及建议

市场借贷机构与银行合作面临合规风险。美国有部分银行的最高放贷利率仅受其注册地法规的限制，市场借贷机构（如 Lending Club、Prosper）

与此类银行合作，可以规避各州对利率上限的规定。但该模式受到部分州监管部门质疑，认为其可能因规避州利率限制而损害消费者利益。前期，第二巡回法庭关于"马丁诉米兰德"的判例，否定了市场借贷机构与银行合作突破州利率限制的合法性，具有较强的示范效应。建议一是将"缔约时有效"（valid when made）原则写入法律。根据"缔约时有效"原则，银行遵守最高放贷利率限制发放的有效贷款，即使出售、转让给适用更低最高放贷利率限制的市场借贷机构，其有效性也不会受影响。财政部认为，国会应将"缔约时有效"原则写入法律，以保障银行和其他金融机构在贷款购买、出售、催收过程中的权利，使其不必顾虑与州利率限制相冲突的风险。二是明确银行的"真正贷款人"（true lender）身份。不同身份的"真正贷款人"，在包括贷款利率上限等方面适用联邦法或州法的规定有所不同。财政部建议，国会应通过立法，规定银行与第三方机构的服务或经济关系不会影响银行的"真正贷款人"身份。

短期小额贷款可能面临联邦和州层面的双重监管。美国家庭对短期小额贷款（主要指发薪日贷款）的需求较高，约40%的美国公民自称无法支付400美元的紧急费用。当前，各州监管部门对短期小额贷款的监管已比较完善，而联邦层面消费者金融保护局制定的发薪日贷款规则（Payday Rule）要求较为繁杂，可能会限制消费者获取信贷的能力。建议消费者金融保护局应考虑取消其发薪日贷款规则；联邦和州监管部门应鼓励银行等正规金融机构提供可持续和负责任的短期小额贷款，联邦存款保险公司应考虑修改相关指导意见[1]，避免有实际需求的消费者被迫转向监管较少的非正规贷款机构。

债务催收缺少部分业务标准。由于缺乏联邦层面的标准，催收机构得到的债务信息往往不完整，难以向消费者证明债务有效性，致使债务催收效率较低。建议消费者金融保护局应在联邦层面建立最低标准，明确在催收债务或出售债务环节需与债务一起转移的信息，如债务余额、违约日期、原始债权人等。

---

[1] 该指导意见指出提供短期小额贷款存在信贷、声誉、运营、合规等方面风险，并要求银行采取措施有效地降低这些风险。报告认为，该指导意见抬高合规成本，迫使银行放弃此类业务。

现行法律对新型信贷模型的探索应用可能造成阻碍。美国现行法律规定，当消费者被拒绝信贷申请或被收取更高费用时，应被告知具体原因。而新型信贷模型主要通过应用大数据、人工智能等技术，分析行为数据、社交数据、购物习惯等非传统信用数据支持信贷决策，其结果不易解释，因此具体原因难以追究。此外，公平借贷法律制约、数据可靠性不足、缺少监管指引等问题，也阻碍了新型信贷模型的探索应用。建议联邦和州监管部门应允许银行和非银金融机构进一步测试新型信贷模型及数据，并支持金融行业获取消费者月度电信缴费、公用事业缴费、租金等额外信贷数据，支持消费者每月向消费信用局汇报信用卡支付数据。

数字财务规划面临监管部门不确定的问题。数字财务规划主要指通过网络提供投资规划建议。当前监管体系下，数字财务规划业务在不同环节分别受证券交易委员会、州证券监管部门、消费者金融保护局等监管，还因服务提供方不同而受保险监管部门、银行监管部门、国家会计委员会及州协会等监管，可能导致监管方面的多头冲突。建议应采取多种方法使数字财务规划的监管框架合理化，可以将监管责任集中在一个联邦监管部门中，或者创建一个受到联邦监管部门监督的自律组织，由自律组织负责发布规则、进行检查和强制执行。

云计算、大数据和人工智能技术在金融领域的应用面临监管不确定和监管阻碍的问题。云计算能有效满足金融服务不断变化的计算能力需求，增强金融机构面向市场推出新产品和新功能的能力，以规模效应促进金融机构降低成本，增强业务安全性和运营弹性，支持大规模数据储存和管理。大数据和人工智能技术在金融领域的应用，可在降低金融服务成本的同时，提高收益。云计算技术的应用面临缺少明确技术外包指引、数据本地化储存要求与过时的记录保存规定阻碍。大数据和人工智能技术的应用会带来模型不透明与审计难的问题，可能无法满足现行监管规定的要求。建议金融监管部门通过多种措施跟踪技术发展、鼓励技术应用。金融监管部门应更新监管要求和指引，以减少金融机构上云的阻碍，成立跨部门云计算工作组，在现有监管框架下推广云计算技术的使用。金融监管部门应为大数据和人工智能技术的应用提供明确的监管要求，以使得受监管的金融机构能进一步测试和应用新技术。

4. 金融稳定理事会《金融科技对金融稳定的影响》

2017 年 6 月，金融稳定理事会（FSB）发布了《金融科技对金融稳定的影响》报告。报告界定了金融科技的范围，概述金融科技发展的驱动力，分析金融科技对金融稳定的潜在收益和风险，评估金融科技前景，阐述值得关注的金融稳定相关监管问题。报告认为当前金融科技没有对金融稳定产生直接影响，建议各国将金融科技纳入现有的风险评估体系和监管框架，并提出了十个值得监管部门关注的关键问题。

一、金融科技对金融稳定的影响

FSB 将金融科技定义为由技术驱动的金融创新，认为其可能会产生新的商业模式、技术应用、业务流程或创新产品，从而对金融服务的供给产生重要影响。报告将金融科技活动分为五类，具体包括支付、清算和结算，存款、贷款和融资，保险，投资管理以及市场服务支持。同时，报告还概述了金融科技驱动力对市场集中度、竞争和构成三个方面的影响，并分析了金融科技对金融稳定的积极和消极两个方面的影响。

金融科技对金融稳定的积极影响。一是金融科技带来许多领域的去中心化和多样化。二是金融服务创新可能带来更高效率。三是更多更好地使用数据有利于降低金融科技领域的信息不对称。四是金融科技有利于提高金融服务的可获得性和便利性。

金融科技对金融稳定的消极影响。一是微观金融风险方面，从金融风险看，金融科技信贷可能产生期限错配的风险，少数金融科技信贷平台用自有资金贷款时会涉及杠杆风险；从操作风险看，某些提供金融服务的实体不在监管范围内或监管程度较低，可能带来治理或流程控制方面的风险；金融科技活动可能会加剧网络风险，增加对金融体系内第三方依赖，一些具有创新性的金融科技活动对当前法律和监管框架带来挑战；创新的支付和结算服务可能成为关键的金融市场基础设施并带来关键金融市场基础设施的商业风险。二是宏观金融风险方面，网络效应增加了金融风险的传染性，金融科技在降低成本的同时，由于缺乏人工监督等，可能会带来新的未知风险；某些金融科技活动可能产生顺周期性，进而放大对金融体系的冲击；金融科技活动在提高交易速度的同时，可能造成或加剧系统的过度波动；在金融科技的背景下，系统重要性金融机构可能以市场基础设施形式出现，增加系统性风险。

二、平衡金融稳定影响的主要观点

金融科技报告强调了平衡金融科技对金融稳定可能产生影响的关键点。一是由于网络效应以及规模经济可能带来更高的集中度，去中心化和多元化的潜在收益可能不如预期显著。二是如果能恰当地管理相关风险，特别是与顺周期性和过度波动有关的风险，提高效率和更好地利用数据相结合可以为金融稳定提供重要支持。三是随着传统系统的现代化和流程的精简，金融科技的发展可能会降低一些操作风险。而网络风险、第三方依赖和法律不确定性可能导致新的操作脆弱性来源和传染渠道。四是金融科技在拓展家庭和企业获得金融服务的渠道方面有很大潜力。五是除非用于评估金融科技风险的相关数据和信息的可获得性得到提升，快速的变革使得当局更难监测和应对金融体系中的风险（如信贷风险和流动性风险）。

三、金融科技如何适应当前的监管框架

影响系统重要性的宏观金融因素已被纳入 FSB 系统性重要金融机构（SIFI）的监管框架中，而金融科技活动的信贷、杠杆、流动性和期限错配等微观金融风险也可被纳入 FSB 影子银行的监管框架。同时，标准制定机构还推出了一系列与金融科技相关的行业指导方针和标准。此外，许多国家和地区已经或计划采取监管措施来应对金融科技。监管变化大多集中在支付、融资方面，较小程度集中在投资管理方面，只有少部分的监管政策变化涉及保险、市场支持方面的金融科技业务创新。

支付、清算和结算方面，大多数国家和地区已经颁布或计划出台监管

新规，范围涉及移动支付、非银行支付和数字货币，旨在增加金融包容性、确保消费者更多地获得支付服务，并确保支付系统按照支付基础设施的现有职责平稳运行。存款、贷款和资本融资方面，许多国家和地区修改或明确了现有的股权众筹和在线市场借贷规则，包括定义新的许可要求以及明确现有规则的适用范围等。保险方面，国际保险监督官协会（IAIS）评估指出，保险行业的创新发展、技术投资落后于银行业。事实上，只有中国、印度和俄罗斯进行了监管改革，旨在通过电子渠道销售某些保险产品，提高保险服务的可获得性。投资管理和投资者服务方面，许多国家和地区已经或计划发布有关机器人投资顾问的指导意见，其中大多数是在证券监管框架内阐明了现行规则。市场支持方面，与银行监管框架的规定类似，管理金融科技第三方的监管机制已涵盖云计算应用。

四、监管金融科技活动的挑战

多数监管部门已审查了现有监管框架，并针对金融科技业务进行了部分修改，部分监管部门对可能存在部分金融科技业务未被纳入监管框架的情况进行了考虑。

监管范围问题可能影响监管部门对金融科技发展的监测。尽管丰富的数据是金融科技发展的核心，但官方数据来源少、数据质量差，导致监管部门无法有效地监控金融科技，部分原因是金融科技企业不在监管范围内，或不受报告要求的约束。同时，对金融科技的监管需基于具体业务内容而非其机构类型，给以"机构"为切入点的监管部门带来挑战。

在某些情况下，监管沙箱、创新加速器、创新中心以及其他形式的互动是了解金融科技业务及其商业模式的重要途径，对了解其风险和激励机制非常重要。由于这些促进者才刚开始实施，因此，应长期评估为企业和监管专家提供好处的经验，并将其作为国际讨论和同行学习的领域。

一般来说，监管部门的关注重点是金融科技如何影响监管国国内的金融形势，很少涉及跨境问题。而随着金融科技的发展，跨境问题的监管处理会越来越重要。

网络风险并不是金融科技独有的，数字解决方案带来更密切的连接，增加了网络黑客可攻击的网络薄弱环节切入点。网络风险会引发财务风险、隐私数据的保护、数据所有权和管理以及法律责任等相关问题。而与监管部门在金融市场风险和信用风险的相关资本管理措施相比，具体操作风险方面的监管措施远远落后。应强调发现和预防上述操作风险作为适当资本要求补充措施的重要性。

五、需要监管部门国际合作的优先事项

管理第三方服务提供商的操作风险。金融机构第三方服务提供商的重要性在不断增强，尤其是在云计算和数据服务领域。许多第三方服务提供商可能不在监管范围内，对相关操作风险的管理越发重要。监管部门应确定现行监管框架对重要的第三方服务提供商是否合适，尤其是当金融机构过度依赖同一个第三方服务提供商时。这可能需要金融监管部门在全球层面的广泛合作，并与负责信息技术安全的机构等非传统机构协调合作。

降低网络风险。近期网络攻击事件凸显出降低网络风险的困难程度。虽然更新传统系统可能有助于减少某些领域的网络风险，但随着金融核心系统访问点数量的增加，其他领域的风险可能会增加。此外，快速投入市场带来的竞争优势吸引企业过早采用未经充分测试或尚未具备必要保障措施的新技术，也会加剧网络风险。全球层面的合作可能将网络安全工作分散带来的不良后果降至最低，同时提高对网络风险的认识。制订针对网络攻击的应急方案，并在国家、国际组织和私营部门合作伙伴之间制定信息共享协议，有助于保护网络关键功能的连续性。将网络安全融入早期的监管系统设计，纳入金融和技术的关注重点，也是培养用户风险意识的重要手段，有助于减少威胁金融稳定的网络事件的发生。

监测宏观金融风险。虽然尚无明确的宏观金融风险迹象，但经验表明，如不加以控制风险会快速出现。系统的重要性和顺周期性可能产生于多种来源，比如细分市场集中度过高，金融科技借贷平台融资流向更广、更不稳定等。而对金融科技给金融系统稳定性带来影响的评估，受到金融科技领域数据披露有限性的挑战。监管部门应当考虑通过包括金融科技在内的多种手段，拓宽数据获取路径、提高数据获取能力，以访问和评估现

有的最新数据。

六、其他值得监管部门关注的问题

主要包括：跨境法律考量和监管安排；支持大数据分析的治理和披露框架；评估监管范围并及时更新；与私营部门沟通交流金融科技发展情况和经验；进一步开发相关当局间的沟通渠道；储备金融科技新领域的人才；研究数字货币的替代配置。

FSB 将继续监测和讨论金融科技发展对金融稳定潜在影响的演变。金融服务比较集中，有固定成本和网络效应。复杂网络和传染性的增加，中心化和相互关联问题的系统重要性将逐步浮现。顺周期性问题可能会从许多渠道出现。现阶段，深入了解新兴金融科技公司和传统金融机构的商业模式十分重要，同时需关注潜在的金融驱动因素和可能出现的摩擦。市场结构的进一步变化都可能影响到金融系统中的各种商业模式，也可能以现阶段无法预测的方式影响金融稳定。

5. 国际货币基金组织和世界银行《巴厘金融科技议程》

2018 年 10 月，国际货币基金组织和世界银行应成员国呼吁制定《巴厘金融科技议程》，指出金融科技可增强全球金融服务供给，降低市场进入门槛，提高金融普惠性和可得性，促进市场竞争和创新，还指出金融科技可能带来法律、监管、货币金融体系及国际监管合作等方面的挑战，并有针对性地提出有关参考意见。

一、报告背景

金融科技在促进金融业发展、加强金融普惠性、提高金融效率的同时，也可能给金融体系的稳定健全以及消费者和投资者保护带来一定风险。各国政府迫切希望发挥金融科技的益处、缓解其潜在风险，不少国家呼吁就如何解决金融科技相关新问题加强国际合作和指导。在此背景下，国际货币基金组织和世界银行应成员国呼吁制定《巴厘金融科技议程》，分析金融科技带来的机遇和潜在风险，并提供有关参考意见。

二、金融科技带来的机遇

一是可显著影响和增强全球金融服务的供给，并可带来广泛的社会经济效益。金融科技发展的速度、强度对世界各国产生了广泛影响，计算能力的迅速提高、加密技术的创新、数据整合及管理的创新、分布式计算、人工智能等因素均构成了金融业潜在深远变革的基础。同时，各国政府正在探索利用金融科技提高金融普惠性，增加对金融服务不足人口的服务，深化金融市场，提高金融服务效率。

二是有助于提高金融服务可得性。金融科技服务企业可通过客户与金融机构的交易记录收集数据，也可通过应用程序从客户处收集数据。数据自动化收集减少了发生错误和欺诈的范围，有助于优化客户尽职调查和评估程序，提高企业响应速度。

三是可降低市场进入门槛，缩小信息不对称，降低运营和合规成本，提高市场竞争性，促进创新。这将使消费者选择更多，并获得高质量金融服务。同时，金融科技还可引发网络效应及规模经济效应。

四是有助于从市场覆盖、客户信息、商业可行性等方面提高金融普惠性，并通过改善市场基础设施和市场深度来促进金融市场发展。金融科技可带来扩大服务获取、降低成本和增强交易便利性等好处，还可支持金融业更广泛地发展，使包括中小微企业在内的各种企业能通过众筹和市场借贷等方式直接从投资者处筹集资金。

三、金融科技带来的风险和挑战

密切监测事态发展，深入理解不断发展的金融体系。一是需及时改进监测框架。现有监测框架不收集市场新进企业的信息，也不包含新的金融产品和活动，可能难以监测新风险。此外，金融活动自动化和交易匿名性也会给监测工作带来挑战。二是需延伸监测框架，以保证公共政策目标的实现。

调整监管框架和方法。一是需补充现有监管方法，找出可能威胁金融稳定或造成过度监管套利的市场失灵及外部性问题，以应对由金融科技驱动的行业变革及有关金融稳定风险、监管套利机会等问题。二是使得对新型业务和创新商业模式的监管应与其风险相称，在缓解风险的同时支持创新。三是需确保员工具备必要的知识、技能和工具，从而跟上市场的发展。

维护金融健全。一是新商业模式或产品可能被用于犯罪。比如，加密资产可被用于洗钱及恐怖融资、欺诈、逃税及其他非法活动。二是很多加密资产的交易缺少受监管的中介参与，可能引发监管对象难以界定问题，其匿名或"伪匿名"特征也可能对监管形成严重阻碍。三是交易模型复杂性的上升可能进一步制约监管部门识别资产真实所有人和潜在犯罪活动。

实现法律框架现代化，提供有利法律环境。一是现有法律框架可能无法充分管理使用自动化程序和分散协议等复杂技术和模糊司法边界的新业务所带来的新风险。二是实现法律框架现代化可能也需要填补与金融科技业务相关的法律空白，对相关法律原则的含糊之处作出澄清。

确保国内货币金融体系稳定。一是金融科技使金融中介与市场以及数据服务提供商、非银行金融机构与银行之间的边界日益模糊，可能影响中央银行实施货币政策及监管部门维护金融稳定的能力。二是金融科技可能影响货币传导和政策有效性，如改变银行和非银行中介机构承担风险的态度及银行在支付方面的作用。三是金融科技可能改变系统性风险的性质。例如，由金融科技支持的多种支付系统在出现压力时可能成为放大风险的通道。四是金融科技可能导致某些业务转至传统银行业之外，给监管部门和其他机构带来调整监管框架等方面的问题。

建设稳健的金融和数据基础设施。一是金融科技创新增加了信息技术依赖和运营风险，而技术依赖的提高会导致新的运营风险等问题，可能威胁金融和数据基础设施的运营韧性。二是金融机构越来越多地与第三方服务提供商合作，而许多第三方供应商不在监管范围之内，需确保外包安排可靠性。三是规模经济效应可能加剧集中度风险。规模经济可能推动金融企业或第三方服务提供商间更大规模的整合，加剧集中度风险。

加强全球合作和信息共享。各国监管的差异可能导致新型金融业务向监管更宽松的国家转移，导致"监管竞次"（race to the bottom）问题，破坏国家层面的监管。

加强对国际货币金融体系的集体监督。一是如何加强对国际货币基金组织和世界银行为促进包容性增长、金融服务可得性和金融稳定等目标而提供的双边和多边政策咨询意见的监督。二是金融科技服务可能改变不同货币的相对吸引力，降低控制资本流动措施的有效性。三是金融科技正在模糊国际资金流动边界，可能增加评估资本流动驱动因素的复杂性，降低纯粹国内政策反应的有效性。四是多种新数字资产的出现可能会加快全球经济的多极化，并给国际货币交易和流动性演变带来不确定性。

四、议程关于金融科技工作相关参考意见

接纳当前金融科技的迅速发展及其深远社会和经济影响，为从中获得广泛益处做好准备。一是在金融体系中引入金融科技，扩大金融服务供给，尤其对低收入国家和金融服务不足的群体。二是加强机构能力，改善外部沟通，并扩大消费者教育。三是加强所有相关部委和机构的积极联动，确保政策和目标的一致性。

建设开放和可负担的数字与金融基础设施和有利金融科技的政策环境。一是促进通信、宽带和移动数据服务建设。二是促进政府和经济的数字化，以及金融机构公平获取相关数据。三是鼓励数字个人身份机制发展。四是鼓励金融基础设施发展，如征信、跨境支付。

促进公平竞争和市场开放。一是借助金融科技能力降低非传统金融机构的进入门槛。二是采纳竞争政策解除市场垄断风险。三是调整竞争政策框架适应新模式。四是建立基于业务和风险（而非机构、技术或服务提供方式）的一致性监管。五是促进标准化、互操作性、公平和透明地获取关键基础设施服务。

鼓励采纳金融科技以促进普惠金融和发展金融市场。一是将金融科技

主题纳入国家普惠金融和金融素养战略，并考虑建立专职部门追踪和促进金融科技发展。二是促进教育以避免数字鸿沟。三是促进公共部门和私营部门间信息共享和知识互换以及合作关系。四是推动政府支付数字化。

密切监测金融体系发展。一是结合国情延展监管范围，及时涵盖新经营活动和实体及其相关机会与风险。二是开放相关部门数据收集权限。三是对不断变化的行业形势、市场参与者、商业模式、互联性和风险集中度进行持续评估，以提高监测工作的灵活性。

调整监管适应金融科技发展。一是应保持技术中性，并专注解决外部性、金融稳定风险、不当行为和消费者保护问题。二是应密切关注市场动向，保持监管灵活性。三是应探索应用金融科技解决方案进行监管的可能性。四是需要评估当前监管人员和培训体系。

保障金融健全。一是结合具体国情，识别、了解和评估洗钱或恐怖融资风险，采用与风险相称的反洗钱及反恐怖融资措施。二是识别有助于强化反洗钱及反恐怖融资框架的金融科技产品和技术并鼓励其使用。三是定期与金融科技开发商、提供商对话，提高私营部门对相关风险及其反洗钱及反恐怖融资义务的认识。

更新法律框架，为金融科技提供有利法律环境。一是根据当前全球金融格局的需求对广泛的法律原则加以改进。二是填补与金融科技业务相关的法律空白，对相关法律原则的含糊之处作出澄清。三是有利的法律框架需要得到可预测的法律原则的支持以及跨辖区的更大协调。

确保国内货币金融体系稳定不受金融科技冲击。一是政策制定者需要全面考虑各种金融科技创新的影响，并在必要时调整货币政策的操作框架，以确保政策的有效传导。二是分析研究数字货币的设计对未来商业银行资金来源的影响。三是重新审视危机时期中央银行提供的支持及其作为最终贷款人的角色。四是"储蓄"保险的性质及其覆盖范围分析，以及对涉及危机管理和系统性金融科技公司破产清算的问题进行研究。

增强金融科技运营稳健性。一是监管部门应鼓励金融公司和技术服务商将网络安全和运营风险管理嵌入企业全面风险管理框架，并推动建立网络和信息安全的技术标准。二是促进稳健的外包安排，以解决技术依赖问题，并将强化的灾备和业务可持续性原则及标准应用于数字基础设施。三是鉴于金融科技的规模经济效应，金融科技公司可能在提供关键基础设施服务方面的作用愈发重要，监管部门应监控和管理国内跨境垄断风险。四是确保建立稳健的数据治理框架，以解决数据所有权、隐私、保密、完整、可用和数据使用道德风险问题。五是人才建设。

全球各国监管部门加强合作，以分享信息、经验和最佳实践，建立有效监管框架。一是以国际论坛作为渠道，在国家之间以及与私营部门分享关于金融科技发展以及国家相应措施的观点和经验。二是监测金融系统日益上升的国内外互联性，分享信息，加强国家之间的沟通。三是做好随时调整政策反应的准备，以反映金融体系的演变和调整。四是监测全球市场的发展和新出现的问题与风险，确保监管环境的充分性。五是参加国际培训和同行学习项目，培养必要的技术能力和监管能力。

加强对金融业的监督以及相关政策的调整和制定，在迅速变化的环境中支持包容性全球增长、促进减贫和国际金融稳定。一是各国需要分享知识和经验，围绕金融科技带来的机会、溢出效应和系统性风险的管理保持政策协作。二是对资本流动的性质、规模和结构所发生的所有变化都需要加以识别、监测和评估。三是通过跨境政策合作来降低资本流动的风险性。四是如果全球金融稳定风险上升，则还需要研究金融科技对全球金融安全网的影响。

6. 欧盟委员会《金融科技行动计划》

2018 年 3 月，欧盟委员会发布《金融科技行动计划》。该行动计划主要内容包括大规模众筹行业改革、建立欧盟金融科技实验室、制定监管沙箱最佳实践蓝图、推动网络安全工作以及提出欧盟区块链倡议等。

一、欧盟金融科技行动计划的背景及目标

近年来，金融科技有了长足发展，并对金融服务领域的生产和交付方式产生了深远影响。欧盟委员会指出，欧洲应成为全球金融科技中心，使

欧盟企业和投资者能够在这个快速发展的行业中充分发挥单一市场的优势。过去一年里，为更好地推动金融服务领域的技术创新，欧盟委员会一直在积极征求各方意见。

2018年3月，欧盟委员会正式发布了一项包含23个步骤的金融科技行动计划，主要内容包括大规模众筹行业改革、建立欧盟金融科技实验室、制定监管沙箱最佳实践蓝图、推动网络安全工作以及提出欧盟区块链倡议等。

金融科技行动计划的总体目标是使欧盟的规则更加面向未来，并与技术的快速发展保持一致。欧盟委员会表示，该行动计划将着眼于欧盟单一市场优势，建立资本市场联盟（CMU），创建数字单一市场，推动一次全方位的金融体系改革。

二、欧盟金融科技行动计划的主要内容

为促进商业模式创新成长、引入新技术、增强网络安全性以及金融系统完整性，金融科技行动计划主要关注八大领域：

一是建立清晰一致的牌照监管。欧盟委员会指出，阻碍众筹在欧盟发展的障碍之一是欧盟缺乏共同规则，导致合规和运营成本过高，阻止了众筹平台跨国界扩张，并计划提出关于欧盟企业投资和借贷众筹服务提供商（ECSP）条例的立法提案。新提案获得通过后，将使众筹平台更易提供欧盟范围内的服务，并为需要资金的企业提供众筹创新融资，平台投资者将受到明确的信息披露规则、治理规则、风险管理规则以及统一监管方式的保护。进一步的工作还包括：澄清各项服务适用的欧盟立法框架；评估对建立欧盟框架以覆盖创新商业模式的需求；为各国监管部门提供指引以确保制度更加一致。

二是检视现有政策的适用性，保障金融领域新技术的应用。欧盟委员会在其政策中奉行技术中立的原则，然而由于政策的制定无法跟上技术创新的速度，一些现有规则可能与技术中立相矛盾。为此，欧盟委员会提出在确保金融稳定、保护消费者与投资者利益、满足反洗钱要求和执法得到保障的基础上要进一步分析评估金融服务的法律框架在多大程度上是技术

中立的，是否能够容纳金融技术创新，或者是否需要进行调整。欧盟委员会将设立专家组，在2019年第二季度前评估金融服务监管框架内的金融创新是否存在不合理的监管障碍。

三是欧盟委员会将根据欧洲监管当局的指导，提出一份关于监管沙箱的最佳实践蓝图。欧盟13个成员国已建立所谓"金融科技促进者"的创新中心或监管沙箱，以便在授权过程中向创新企业提供一般性指导。这一举措使初创公司能够更快地进入市场，更好地了解规则和监管期望。同时，监管沙箱还可向已设立的金融机构提供指导。欧洲银行管理局（EBA），欧洲保险和职业养老金管理局（EIOPA）和欧洲证券和市场管理局（ESMA）均绘制了整个欧盟现有的创新促进者地图。欧盟委员会希望进一步确定整个欧盟的最佳实践蓝图，并为创新中心和监管沙箱制定共同原则和标准。

四是消除云服务的障碍。由于欧盟各国对云业务外包规则解释不同且缺乏协调，对金融监管部门预期的不确定性正限制云计算服务的使用。为此，欧盟委员会已于2017年9月提出《欧盟非个人数据自由流动条例（提案)》，旨在消除不必要的数据本地化限制，解决云外包服务中遇到的问题。此外欧盟委员会还将在2019年第一季度前邀请欧盟各国监管部门探索外包云服务供应商指导方针的必要性；邀请云利益相关者制定跨行业的自律行为准则，以便云服务提供商之间更简便地共享数据；开展鼓励并促进制定金融机构云外包标准合同条款的工作。

五是提出一个跨行业的欧盟区块链倡议。欧盟委员会于2018年2月成立了欧盟区块链观察站和论坛，为区块链和分布式账本技术提供政策建议，并且可能会推出一个跨行业的欧盟区块链倡议。此外，欧盟委员会还将制定一项全面战略，综合考虑分布式账本技术和区块链涉及的相关法律影响和相关部门。欧盟委员会致力于使金融部门早日采用区块链技术，提高欧洲的竞争力和技术领先地位。

六是建立欧盟金融科技实验室，提高监管能力和新技术知识水平。欧盟委员会计划于2018年第二季度开始以中立、非商业的方式与技术解决方案提供商接触。重点开展身份验证和识别技术、分布式账本技术、云计算、机器学习和人工智能、开放银行API接口及监管科技等领域的合作。

七是利用金融科技支持零售投资产品在单一市场的销售。欧盟委员会认为资本市场上的零售投资产品过于复杂，希望提高产品透明度以刺激竞争，从而为资本市场的散户提供更多选择权。金融科技的应用将在信息披露、提升用户界面的友好性等方面起到作用，确保交易更加公平、更易理解。

八是改善欧盟金融部门应对网络安全风险的方式。欧盟委员会将就网络安全问题举办研讨会，并改善信息共享机制。为此，欧盟委员会将推出一个欧盟范围内的网络威胁测试框架，协调成员国的网络安全监管。

7. 国际清算银行金融稳定研究所《金融监管中创新技术（SupTech）应用的早期经验》

2018 年 7 月，国际清算银行（Bank for International Settlements，BIS）金融稳定研究所（Financial Stability Institute）发布《金融监管中创新技术（SupTech）应用的早期经验》，概述了一些监管科技早期应用经验，指出监管科技应用的优势和挑战，以及对监管者的影响，同时详细介绍了监管机构的实践经验，为制定监管科技策略提供参考。

一、监管科技发展现状

监管科技（SupTech）是指监管机构利用创新技术来支持监管。它有助于监管机构将报告和监管流程数字化，从而对金融机构的风险和合规性进行更有效、更主动的监控。它是经济中出现先进技术的结果，这些技术给金融业带来以新技术为导向的新商业模式。监管科技加速发展的原因很多。国际金融危机后的监管改革增加了对高效和有效监管的需求，更多、更好的数据也是监管科技的催化剂。此外，存储容量和计算能力的增长以及数据科学的进步为监管科技开辟了道路。

许多金融监管机构已使用创新的方法来有效地实施基于风险的监管，例如风险指标仪表盘、用于监管报告的中央数据仓库和预警系统等。监管科技有助于实现监管的核心目标。监管科技能帮助监管机构提升经济主体对金融机构和市场的信任，使监管能够更快地适应不断变化的环境，也可在新规定的设计阶段应用创新技术，以评估政策建议的潜在影响。

作为新兴的监管领域，监管科技可能会面临相应的挑战。数据标准化、数据质量和数据完整性是有效应用监管科技的必要条件，了解创新技术的能力和局限性是评估其在监管工作中附加值的关键。使用监管科技还可能使监管者面临更多风险，包括法律、运营和声誉风险。

克服这些挑战需要考虑很多因素。监管科技需要一种以技术为导向的监管方式，而非单纯地以金融或法律为导向。在引入这种方法时，需要专业的数据科学家和开发人员，还需要引入高级管理人员和监督人员，以及具有健全的风险管理框架，除此之外，还应与其他监管机构和学术机构加强合作。

二、监管科技的应用

目前，监管科技主要应用于数据收集和数据分析。在数据收集领域，可用于自动化报告、数据管理和虚拟协助等；在数据分析领域，可用于市场监管、不当行为分析、微观审慎监管和宏观审慎监管等。

（一）用于数据收集

自动化报告方面，实现监管科技自动化报告的关键是数据推送方法。例如，奥地利共和国中央银行（OENB）开发了一个报告平台，允许银行向其发送关键信息，且不会增加数据提供者的管理负担。与之密切相关的是用于自动报告的数据提取方法。卢旺达国家银行（BNR）是最早使用数据提取方法的监管机构之一，可从被监管机构的 IT 系统中直接提取数据，简化报告流程，并为监管机构提供有意义的信息。菲律宾中央银行（BSP）也正在尝试开发一种基于 API 的数据输入方法，以直接从银行提取监管报告，菲律宾的银行将不再需要向 BSP 提交模板化的报告，与容易出现人为错误的 BSP 流程相比，数据输入解决方案支持更及时的分析和更灵活的报告格式，从长远来看，维护和管理将更有效。此外，监管科技应用程序可以实现实时监控。例如，澳大利亚证券投资委员会（ASIC）的市场分析和智能（MAI）系统可以实时监控澳大利亚一级和二级资本市场（ASX 和 CHI-X）。

数据管理方面，数据验证（Data validation）是监管科技应用程序的另一个关键领域。自动数据验证检查可能包括：检查数据接收情况，检查数据完整性，检查数据正确性、合理性和一致性。例如，新加坡金融管理局（MAS）用监管科技进行数据验证，包括数据清理和数据质量检查。数据整合（Data consolidation）是许多监管科技应用程序的重要组成部分。在报告中，监管科技允许通过汇总微观数据（例如风险敞口和金融机构之间的互联）来创建宏观数据，能组合多个数据源来支持分析工作。例如，意大利银行（BoI）将可疑交易报告（结构化数据）与新闻评论（非结构化数据）结合起来，用于反洗钱（AML）监测。还有许多监管机构将技术应用于数据可视化。考虑到数据的数量、密度和复杂性，需要强大的可视化工具以易于理解的方式向主管机构提供信息。例如，荷兰银行（DNB）致力于将数据输出转换成逻辑指标，如内部开发的交通信号灯和仪表盘；新加坡金融管理局（MAS）使用交互式仪表板和网络图来处理成像数据。数据管理领域的另一个相关应用是云计算。云计算允许更大和更灵活的存储、移动能力和计算能力。例如，英国金融行为监管局（FCA）拥有用于收集、存储和处理市场数据的云解决方案。

虚拟协助方面，一些监管机构使用聊天机器人自动回答消费者投诉。例如，BSP 正在开发一个初版聊天机器人来回答消费者的投诉。监管机构还可以使用聊天机器人为被监管机构提供虚拟协助。例如，FCA 正在进行概念验证，以实现聊天机器人与被监管机构互动，有效地回答简单的日常问题。机器可读的规则也有助于促进合规性。使用自然语言处理（NLP）将规定文本转换为机器可读的格式，可以提高一致性和合规性，帮助缩小监管意图和解释之间的差距，还可以帮助监管机构有效地评估监管变化的影响，降低监管的复杂性。这是监管科技和合规科技互动的领域。

（二）用于数据分析

市场监管方面，监管科技应用允许对大量数据进行分析，以便进行市场监测和可疑交易监测。ASIC、FCA 和美国证券交易委员会（SEC）都应用创新技术将海量数据集转换成可用于市场监控和可疑交易监测的模式。

监管科技监测到的可疑交易包括内幕交易和市场操纵。FCA 每天收到超过 2000 万笔股票市场交易的详细信息以监测内幕交易，可以利用机器学习（ML）工具分析这些数据以得到市场操纵的信号。

不当行为分析方面，许多监管科技应用于监测可能的反洗钱和反恐怖融资（AML/CFT）活动。智能技术可以监测到人工不易监管到的异常交易、关系和网络。例如，MAS 使用 NLP 和 ML 分析可疑交易报告找到潜在的洗钱网络。AML/CFT 监测通常建立在市场参与者或事件网络分析的基础上。在监控市场活动时，FCA 正在尝试部署图形学习，以根据订单和执行数据识别出市场参与者网络及其潜在的共谋行为。ML 算法有助于识别可能的欺诈行为。例如，SEC 在一些不当行为检测方法中使用了一种循序渐进的方法。首先，它采用无监督学习来检测数据中的模式和异常，其次，它将人为的指导和判断注入流程，以帮助解释 ML 输出，随后，将这些连续的算法应用到新的 SEC 文件中，以预测欺诈的可能性。监管科技还可以用来预测不当销售。例如，FCA 正在尝试使用监督学习和"随机森林"技术来预测顾问错误销售金融产品的可能性。

微观审慎监管方面，ML 算法可用于信用风险评估。例如，BoI 开始探索如何利用 ML 算法、合并不同数据源（如中央信用登记簿、非金融公司资产负债表数据和其他公司级数据等）预测贷款违约。神经网络可以用来发现流动性风险。例如，DNB 正在研究一种神经网的自动编码器，用于监测来自实时总结算系统中的支付数据的异常情况。

宏观审慎监管方面，创新技术可应用于宏观金融风险识别。例如，BoI 的研究人员使用多种技术来预测房价和通货膨胀，并发现从推特中提取的信息可为通胀预期提供信号。监管科技应用还有助于识别金融系统中出现的风险信号。例如，挪威央行的研究人员基于传统的计量经济学方法，开发基于全球定义的金融市场基础设施和机器学习原则的指标，将泛欧自动实时总清算高速转账系统（TARGET2）处理的大量交易转换为风险指标。NLP 的一个重要用途是测量情绪。例如，BoI 研究了在推特上表达的情绪，以实时预测零售存款的变动，结果表明负面情绪对应零售存款增长率的下降。其他可能的应用包括金融稳定和政策评估。例如，美联储、欧洲央行和英格兰银行通过对被监管机构日常数据和其他数据（如压力测试）的自动分析，生成"热力图"来突出潜在的金融稳定问题。

三、监管科技应用经验

监管机构开发监管科技应用方式有所不同。在治理方面，用于数据收集的监管科技应用通常由管理者发起。相比之下，用于数据分析的解决方案通常源自研究问题本身。除此之外，部分监管机构可能会有来自有关部门的信息，说明哪些监管科技应用程序可能有用。探索如何用监管科技分析数据的监管机构设立了专门的部门来开发这些解决方案，也有其他监管机构活跃于数据分析，利用现有的部门来探索和开发这些监管科技应用程序解决方案。在和第三方的关系方面，用于数据收集的监管科技应用往往由外部服务提供者开发。在数据分析领域，监管机构倾向于同时使用内部和外部资源开发监管科技应用。一些监管机构已经与学术机构合作，探索潜在数据分析应用以实现监管目标。

提高效率、降低成本和提升能力是开发监管科技应用最常见的动机。对于与数据收集相关的解决方案，这些益处都适用。如果这些解决方案能够应用于其金融系统更加简单且仍在不断增长的新兴市场经济体（EME），可能还没有传统 IT 系统的负担，情况尤其如此。对于与数据分析相关的解决方案，创新技术的出现主要使监管机构在提高效率的同时显著提高其分析能力。

监管机构在开发监管科技应用时还面临许多挑战。一是技术问题。包括计算能力限制和部分技术工作流程缺乏透明度。监管科技应用程序可能提供更好但并不完美的漏洞或错误行为预测。二是数据质量问题。对于如社交媒体等非传统的数据源，数据质量和完整性较难保证。三是法律风险。尤其是在数据收集领域，存在数据隐私与数据访问权限问题。监管者需要确保拥有必要的法律许可，以使用数据进行监督。四是操作风险。由于网络风险在内的操作风险增加，监管机构在应用监管科技时需提高风险管理能力。五是声誉风险。质量较差的算法或数据出现误报可能会影响管理者的声誉，所谓的黑盒算法缺乏透明度可能使监管机构的责任受到怀疑。六是资源问题。监管科技相关工作高度依赖关键人员，但同时具备数据科学、计算机科学和监管知识的人才稀缺且定价过高，难以找到并留住合适的人才。七是内部支持问题。管理部门对监管科技项目的支持有待提高，从最终使用监管科技的监管部门获得支持同样至关重要。八是实际操作问题。监管机构面临的具体限制也可能影响监管科技应用程序的实施，监管机构在承担项目时需要遵守其管辖范围内适用的标准规则和政策。

监管科技也会对被监管机构带来一定影响。当监管机构使用监管科技应用程序时，被监管机构也将受益。此外，来自监管的特别数据请求实际上已经被消除，因为监管机构可以访问灵活的数据格式，从而很好地满足不同的分析需求。这些解决方案还提高了被监管机构风险管理的效率。与此同时，监管机构认识到，监管科技的应用可能会带来市场参与者相应地调整自己的行为风险管理。

四、总结

技术的创新和数据可得性的提高，为加强金融监管创造了空间。用于数据收集的监管科技很可能对监管机构和被监管机构都有益处；用于数据分析的监管科技应用程序可能使风险和合规监控更具预测性和前瞻性。与此同时，监管机构需要对日益扩大的数据知识差距保持谨慎。一个良好的监管科技策略，将最有利于监管机构探索监管科技应用程序的潜在好处。

8. 欧洲银行管理局《金融科技对金融机构带来的审慎风险和机遇研究报告》

2018 年 7 月，欧洲银行管理局（European Banking Authority，EBA）发布《金融科技对金融机构带来的审慎风险和机遇研究报告》，阐述了金融科技的发展现状与 7 类应用场景，分析了金融科技为金融机构带来的机遇和风险，进而提高监管机构和行业对当前和潜在金融科技应用的认识，平衡可能出现的相关潜在机遇和风险。

一、金融科技在金融领域的应用场景

（一）使用指纹识别的生物特征认证

随着计算机处理技术的显著进步与移动设备的普及，自动生物识别系统得以应用和推广。用户行为的转变和数字渠道的引入促进了金融服务部门对生物特征认证技术的快速采用。生物特征认证技术基于测量个人独特稳定的生物特征，并将其与本人授权的生物特征样本进行匹配，以实现安全识别和用户体验之间的平衡。

许多机构已经在手机银行中使用指纹识别代替密码输入。客户需要将他们的智能手机注册为受信任的移动设备，用个人安全信息激活指纹验证，智能手机将记录客户指纹的详细信息。此后，客户可以使用智能手机的指纹阅读器访问移动银行应用程序。

使用指纹识别的生物特征认证带来的益处包括：一是改善客户体验。客户能够以更简单、快速、方便的方式访问移动银行应用程序以及金融服务。二是提高使用的安全性。指纹指令更难被窃取或被欺诈，而双因素认证可以通过将指纹认证与密码等其他认证因素结合起来提高安全性。三是降低成本和提高效率。如降低呼叫中心成本和客户访问分支机构的成本。

使用指纹识别的生物特征认证的相关风险包括：信息和通信技术（ICT）安全风险。从客户接触的日常物品中收集他们的指纹，导致指纹泄露或"被盗"；机构需要借助第三方开发的应用程序，对移动设备制造商和操作系统开发商的依赖性可能会提高。对 ICT 安全风险的总体影响还将取决于生物特征认证是作为现有认证措施的补充，还是作为替代。声誉和法律风险。黑客可以将盗取的指纹数据直接输入指纹认证系统，以代表客户授予访问权限。在保护、使用和处理敏感个人数据方面违反《通用数据保护条例》和相关监管要求，可能会产生法律、行为和声誉风险。

此外，指纹识别的生物特征认证还可应用于其他领域，如客户入职和客户尽职调查流程，可降低利用伪造客户签名导致的内部或外部欺诈风险。

（二）利用智能投顾提供投资建议

智能投顾可以提供投资建议，也可实现投资建议和投资组合自动监控和再平衡。智能投顾财富管理服务以散户投资者为核心目标群体，同时也为机构投资者提供产品。智能投顾一般是基于自动结构化问卷来收集和分析客户反应，确定投资者的风险状况，并提出投资建议。投资平台还使用算法实现自动监控和分散投资，以及重新平衡投资以保持投资组合与投资者初始风险偏好一致。

在应用智能投顾提供投资建议时，客户首先要答一份问卷。该问卷收集有关客户知识、经验、财务状况和投资目标的基本细节，还收集客户在适宜性和适当性评估要求下的风险承受能力和投资偏好，然后将这些结果转化为客户的投资组合建议。投资后，投资组合定期进行再平衡。

将智能投顾用在提供投资建议的益处包括：一是降低服务成本，不实施或减少人工干预，降低员工成本。二是改善客户体验，为每个客户量身定制建议，可以实现客户服务改进，也能在周末、晚上等时间持续提供服务。三是扩大市场规模，能够减少对地理邻近的依赖，扩大分支网络未涉及区域的市场以及促进跨境服务和投资。四是降低集中风险和增加竞争。供应商变得可替代，客户能够轻松地改变投资顾问，提高交易透明度。

智能投顾提供投资建议的相关风险包括：运营风险。算法可能会推荐不合适的产品，损害该机构和技术提供商的声誉，也可能无意或有意地促进市场操纵。法律和合规风险。金融机构、客户和第三方供应商之间的法律责任归属可能缺乏明确性；跨司法管辖区的服务难以同时满足多个司法管辖区的监管和法律要求。安全风险。线上的服务模式可能会加剧网络威胁下的脆弱性；高度自动化的 ICT 系统在生成可靠建议方面存在困难。对传统资产管理公司产生威胁。影响现有企业在无法适应竞争情况下的盈利能力。

（三）利用大数据和机器学习进行信用评分

信用评分是一个旨在评估客户信用并指导机构作出信贷决策的过程。评估分数可用于接受或拒绝信贷申请以及信贷报价等。评分模型使用不同来源的客户数据，如社交媒体数据、位置数据等，这些数据可用于评估行为、支付意愿、责任等定性概念，以预测借款人的违约概率。机器学习是人工智能的一个子范畴，它的一个关键概念是"训练"算法，通过大量迭代进行自我优化，从可用的输入数据中得出尽可能最好的输出数据。"大数据"是指通过 IT 工具（强大的处理器、软件和算法）处理大量不同类型的高频数据（通常是实时的)。

当申请人缺乏足够的信用记录，如从另一个国家移民时，可以利用机器学习技术更准确、快速地评估其信用。收集原始数据并把其转换成可用的格式，由计算机进行处理，然后进行机器学习，部分高权重数据将用于计算最终的信用评分。

利用大数据和机器学习进行信用评分的益处包括：一是能有效地挖掘大量数据，包括结构不良或非结构化的数据集，从而找到新的模式和关系。二是可以动态适应新数据，从而快速检测动态模式。三是能将定性因素整合到信用评分中，为客户生成更准确的信用评分结果。

利用大数据和机器学习进行信用评分的相关风险包括：得出错误结论或反向因果关系的风险。这种结论难以被机器识别出来。监督或审核风险。难以了解使用的模型种类、如何校准、添加新数据时如何随时间变化，或者模型使用的特定变量的具体情况。降低部分人群的金融可得性。算法可能基于与信用度无关的因素，也可能歧视不愿意在线共享数据的人。操作风险和 ICT 外包风险。对第三方的依赖增加了操作的不确定性。

（四）使用分布式账本技术（DLT）和智能合约进行贸易融资

贸易融资涉及不同的主体，在国际贸易的情况下，很难协调不同参与方的条件。分布式账本技术（DLT）是指允许在计算机网络间共享公共账本的技术。DLT 启用的智能合约是指存储在 DLT 中的计算机代码，在满足预先定义的条件后自动在多个分布式节点上执行，以自动达成双方之间的协议条款。

许多从事贸易交易的公司尝试在许可的 DLT 内运行智能合约来简化流程。DLT 能够为所有参与方提供存储在共享分类账中的交易，借助公共和几乎实时的观测，为所有参与方创造一个公平的竞争环境。

使用 DLT 和智能合约进行贸易融资的益处：一是提高效率。事件由智能契约自动触发，流程无须对账从而简化。二是降低成本，消除手工过程，减少纸质文书的数量。三是降低重复融资。交易中涉及的文件将存储在分类账中，可以验证其存在性和完整性，还能在保留审计跟踪的同时减少损失金额和被操纵文件的数量。

使用 DLT 和智能合约进行贸易融资的相关风险包括：法律和合规风险。包括适用法律的不确定性、智能合约的法律价值不确定和缺乏明确的适用管辖权，以及个人信息保护和竞争等方面的潜在合规问题。内部系统性风险。如果一个成员丢失了它的私钥，或者一个成员因不遵守管理规则被逐出平台，可能会对所有的参与机构造成挑战。对第三方的依赖以及 ICT 安全风险。DLT 平台及相关系统通常由 ICT 服务提供商提供；分布式数据需要更多的节点来保护，每个节点都具有不同的安全级别。

（五）使用 DLT 简化客户尽职调查（CDD）流程

在欧盟，数字身份的使用已经有了很大的发展，许多有业务关系的机构和服务提供者共享客户的数字身份。DLT 支持的数字身份解决方案受到广泛讨论，每个数字标识有一个相关的属性列表。这些属性可以由所有者或第三方签署，以证明其准确性。

一些机构正在探索使用 DLT 与其他机构共享已验证的客户数据的方法，以避免重复工作，同时提高客户体验。机构以适当的方式对客户进行识别和验证，对客户提供的信息进行核实后，将相关文件和信息的数字版本存储在其内部数据库和 DLT 中。

使用 DLT 简化客户尽职调查（CDD）流程的益处：一是改善客户体验。例如入职流程可能被简化，并且可以访问更新的信息，降低人为操作错误的可能性。二是降低成本。各机构将其系统与网络集成，无须为每个参与者的软件都部署解决方案。三是创造新的业务模式。机构也可以作为数据服务提供商，如提供为第三方生成证明、提供身份恢复甚至验证数字身份等服务。

使用 DLT 简化客户尽职调查流程的相关风险包括：合规风险。存在信任无效或不完整的 CDD 验证的风险，因此面临着不履行反洗钱或打击恐怖主义融资（AML/CFT）职责的合规问题。法律和监管不确定性风险。数字身份和智能合约的法律地位不明确。ICT 更改风险。计算机代码分布在整个 DLT 中，纠正每个节点中的错误变得具有挑战性。第三方依赖以及 ICT

风险。对第三方的依赖将增加，如果多个机构依赖同一服务提供方，可能产生集中风险，导致宏观审慎担忧，即可能的单点故障；运输和存储中对敏感数据保护不足，可能加大 ICT 安全风险。

（六）使用近场通信（NFC）的移动钱包

用于移动支付的数字钱包主要由非银行机构提供，通过修改银行前端流程以改善客户体验，同时保持基础运营架构不变。移动钱包允许客户在便携式设备上的单个应用程序中，以数字形式存储一个或多个支付工具，如非接触式支付、虚拟卡等。移动钱包可以使用不同的通信技术在移动设备和商家之间交换数据。

欧盟的一些机构已经推出了手机钱包，允许用户在传统银行账户和非银行支付服务提供商的支付账户之间进行转账。移动钱包的一个特点是采用了许多创新技术，如移动银行、生物特征认证和 NFC 等，为零售支付市场提供了一种新的商业模式。

使用 NFC 移动钱包的益处：一是改善客户体验。客户能更好地管理和监控他们的资金，从而实现更快的服务、更多的选择和更优惠的定价，也可以通过加密和强大的客户认证来增强安全性。二是提升产品价值，无须携带物理卡，也可将其他服务集成到移动钱包中。三是降低交易成本。商家或客户无须提供完整的详细卡信息。

使用近场通信（NFC）的移动钱包的相关风险包括：运营风险。分散的支付市场加上创新产品和服务的增加，可能导致运营流程发生变化。ICT 风险。支付操作环境变得更零散和复杂。法律和 ICT 外包风险。外包的法律和监管复杂程度较高，提高了移动支付的数据保护难度。

（七）将核心银行或支付系统外包给公有云

金融服务领域的许多业务功能正在向云端转移，目的是利用云端扩大规模、实现成本效益、更高效地利用 IT 资源和标准化。美国国家标准与技术研究院将云计算定义为一种模型，用于实现对共享的可配置计算资源，如网络、服务器、存储、应用程序和服务的普遍、易行的按需网络访问，这些资源可以以最低的管理成本快速提供和发布。云部署模型包括公有云和私有云。服务类别包括基础设施即服务（IaaS）、平台即服务（PaaS）

和软件即服务（SaaS）。

在银行业中，核心银行系统指处理日常银行业务并向账户和其他财务记录发布更新的后端系统。目前已有核心银行系统在公有云上运行，需特别关注向公有云的迁移及基础安全需求。

将核心银行或支付系统外包到公有云的益处主要是降低成本。云计算中的 IT 服务潜在承诺将软件和硬件投资维护费用转移到现收现付模式，从而提供潜在的成本优势。

将核心银行或支付系统外包到公有云的相关风险包括：无论本地或全球 CSP 是否签订合同，由于治理、合规性、资源充足性、业务连续性计划、信息安全（包括网络安全）、访问管理、数据管理和合同管理等多种潜在原因，都可能会增加 ICT 外包风险。法律和合规风险。如果机构完全信任并依赖云服务提供商来实施所有正确的安全控制，可能会有较高的操作风险。ICT 外包风险。在全球范围内，如果许多机构使用相同的云服务提供商基础设施，则会带来云服务提供商集中度上升的风险。供应商锁定风险。机构可能会难以退出并迁移到新的云服务提供商或重新初始化服务。信任风险。用户可能对数据安全和隐私缺乏信任，云服务提供商缺失管理以及是否遵守数据安全法规的不确定性。云服务提供商服务定价风险。外包服务的维护和跟进也可能影响定价，以及机构在治理、合规和信息安全方面的内部成本。

二、小结

目前，部分新技术已在金融业广泛应用，从行动数量和投资额来看，机构对金融科技的兴趣正迅速增长。生物识别技术以及基于 NFC 的移动钱包，因其相对简单的设计、对客户体验改善的效果，以及依赖于不受机构控制的移动设备，已经在金融科技机构中得到实施。从风险角度来看，操作风险和运营风险是新技术在市场应用中最容易面临的风险；由于金融科技更多地依赖第三方服务供应商，容易面临较强的 ICT 风险和 ICT 外包风险；除此之外，目前大部分金融科技服务没有明确的法律地位，相关技术也没有相适应的法律框架，存在显著的法律和合规风险，以及声誉风险。

虽然面临较多的潜在风险，但金融科技带来的潜在收益具有很高的实现机会，这也是目前对金融科技保持较高兴趣的最大驱动因素。最显著的收益来自效率提升和客户体验的改善，并期望能最终改变客户的金融行为。总的来说，技术的使用可能给机构带来新的机会，但前提是建立有效的治理结构并完善政策的实施和风险的管理。EBA 将继续监测金融科技的发展，并适当执行其他任务，以有效地测度监管范围，促进新技术监管方法的中立性。

9. 欧洲监管当局《金融科技：监管沙箱和创新中心》

2019 年 1 月，欧洲监管当局（The European Supervisory Authorities，ESAs）① 发布欧洲创新中心和监管沙箱联合报告，对欧盟成员国在金融科技领域以创新中心和监管沙箱为代表的创新助推器建设进行了综合分析和总结。

一、创新中心

创新中心是通过一项机制，使受监管或不受监管的实体可与主管部门就金融科技相关问题进行接触，并就创新金融产品、服务、商业模式，以及交付机制是否符合许可、注册等监管要求寻求非约束性指导。首批创新中心于 2014 年成立，大多在 2016—2017 年开始运作。截至报告发布，已有 21 个欧盟成员国和 3 个欧洲经济区国家建立了创新中心。各创新中心在总体目标和范围上非常相似，在主管当局与企业的互动方式、提供的意见及协助的性质，以及记录、保存结果的透明度方面有所不同。以下从多个方面对各中心的实践进行比较分析。

（一）目标、法律依据和范围

创新中心的主要目标是增强企业对创新商业模式、产品和服务的监管

---

① 欧洲监管当局（The European Supervisory Authorities，ESAs）包括欧洲证券市场管理局（ESMA），欧洲银行管理局（EBA）以及欧洲保险和职业养老金管理局（EIOPA）。

预期的理解。通过一个接触点，企业可向主管当局就创新的商业模式、金融产品、服务和提供机制的监管要求提出问题，并开展对话。

在法律依据和权力方面，主管当局的一般法定目标，如促进金融稳定、保护消费者、鼓励有效竞争和降低监管套利风险等，以及监管权力已足以建立创新中心。事实上，创新中心的职能与主管当局长期以来对待特殊查询，尤其是关于监管范围问题的做法并无本质区别，其独特之处在于中心附带的专业技术知识，能够对超出监管部门熟悉范围的，关于产品、服务和商业模式等查询提供高效、定制化的回应。例如，对可能不开展金融业务的科技公司等提供回应。报告中的创新中心向所有相关企业开放，包括现有企业和新进入者。

（二）关键阶段

总的来说，包括提交询问、向主管当局的相关接触点提出查询、向企业提供反馈、记录保存以及后续行动 5 个关键环节。在提交询问环节，主管当局通过电话、电子接口、网上会议、网站、实体会议等多样化途径与企业进行沟通互动。一旦企业通过接触点与主管当局取得联系，主管当局通常会进行筛选，以最好地处理提出的查询。考虑的因素包括查询的性质、迫切性及复杂性，是否需要将查询转交其他当局处理，或是否需要与其他当局合作。在提供答复之前，主管当局根据所提出询问的性质和对资料的进一步需要，与企业进行充分交流，并通过会议、电话、电子邮件或公开声明等方式给予回复。通过创新中心提供的回应通常被理解为"初步指导"，依据的是主管当局和企业在沟通过程中确定的事实。在记录和透明度方面，一些当局出版了结构报告、研究报告等，另一些主管当局出版了关于接触点的统计数字，但记录保存和信息披露行动较少。后续行动方面，一些主管当局通过具体的后续计划补充其创新中心，来为企业提供支持和便利；一些主管当局对通过创新中心提出的查询和提供的答复进行具体审查，来评估澄清或更改监管和监督要求的必要性，以确保监管要求考虑到金融创新带来的机遇和风险，以及技术中立的要求。

（三）主管当局与其他当局间的互动

在一国内当局之间的互动方面，综合型金融服务监管机构不需要与其他国内主管部门互动，而分业监管的国家不同金融监管部门通过签署谅解备忘录，协调金融创新及创新中心。在"双峰"监管模式下，如卢森堡和荷兰，其央行和金融市场管理局成立了联合创新中心，可以在两个当局之间迅速地进行信息交换并进行对话。

在与第三国当局的互动方面，主管当局主要依靠其监管谅解备忘录促进有关金融科技相关问题的合作，一些主管当局正在考虑定制合作安排，以进一步加强他们在金融科技问题方面的互动。

（四）使用创新中心的实体

使用创新中心服务的参与者主要有三类：一是考虑进入金融服务市场的无牌照的初创企业；二是已受主管当局监管并正在考虑创新产品或服务的受监管实体，例如信贷机构、保险公司或支付机构、保险公司；三是为活跃于金融市场的机构提供技术解决方案的技术提供商。初创企业似乎是使用创新中心的企业中最大的群体，受监管的企业往往会继续通过它们与主管部门的传统联络点而非创新中心来解决有关创新的问题。

报告中的创新中心大多是新建立的，对经验的评估还较为初步。总体来说，企业对创新中心有强烈的兴趣和支持，尤其是新进入者，他们希望更好地了解自己潜在的监管义务。不同创新中心运行时间不同，统计数据有所差异，总的来说，创新中心已经得到了较好的使用，月度查询数量从几十到数百。

二、监管沙箱

监管沙箱是由主管当局建立的一种计划，为受监管和不受监管的实体提供测试创新产品或服务、商业模式或与执行金融服务有关的交付机制的机会，该测试计划由监管机构的专门职能部门商定并接受监管部门的监督。通过提供一个受监控的空间，主管当局和企业可以通过测试更好地了解创新及其监管处理所带来的机遇和风险，同时评估创新主张的可行性，特别是在应用遵守法规和监管要求方面。截至报告发布，已有丹麦、立陶宛、荷兰、波兰和英国5个国家的主管当局设立了监管沙箱。挪威、奥地利、西班牙和匈牙利的主管部门正在或有意建立监管沙箱。以下从多个方面对各监管沙箱的实践进行比较分析。

（一）目标、法律依据和范围

建立监管沙箱的共同目标包括：增强企业对监管预期的理解，特别是现有监管框架对创新商业模式、产品和服务的适用性；增加当局对金融创新的认识，了解金融创新所带来的风险和机遇，并通过直接测试告知他们监管和监督金融创新的方法；鼓励创新。此外，英国FCA还将降低进入创新商业模式市场的成本和时间作为其具体目标。

在法律依据方面，监管沙箱的主管当局都将促进金融稳定、促进金融部门对其管辖范围的信心，以及消费者保护的法定目标作为其行动的基础。此外，英国FCA还提到其促进有效竞争的法定目标，波兰金融监管局指出其开展旨在支持金融市场创新的活动的法定目标。设立监管沙箱不需要修改法律，监管沙箱的主管当局强调，沙箱不允许未经授权进行受监管的活动，沙箱不为"轻触"监管提供空间，相反，所有"正常"的监管权力、程序和工具都适用。比如，是否打算进行须申领牌照的受监管活动；企业是否符合牌照或持续监管有关监管规定，例如具备适当的经验、知识和技能；测试提案的创新性；适当的运作及架构组织；适当的系统和控制安排（包括相关、可靠的外包安排）等。尚无主管当局提及直接源自欧盟法律的权力，也无主管当局认为此类权力的缺乏会对监管沙箱的建立和运作带来直接障碍。

范围。监管沙箱都向现有机构、新进入者和其他企业开放。此外，监管沙箱并不局限于金融业的某一部分，而是跨部门的（例如银行、投资服务、支付服务、保险、市场基础设施）。如有资格参与监管沙箱的申请人希望测试涉及受监管的活动，而该企业无相关牌照，则须在准备阶段取得牌照，否则将不能进入沙箱进行测试。对于寻求向受监管金融机构提供不涉及受监管金融服务的技术服务的企业（例如移动电话应用、RegTech或其他合规解决方案），只要与受监管的金融机构签订了相关协议，就可以参与监管沙箱。

（二）关键阶段

通常，监管沙箱包括申请、准备、测试，以及退出或评估4个阶段。

申请阶段，立陶宛、荷兰和波兰的企业可随时提交申请；丹麦和英国主管当局实施"队列"程序，申请人在指定期间申请测试，申请窗口通常会开放长达两个月。主管当局根据既定、透明和公开的标准来审查所有申请，只有满足这些标准才能进行测试。丹麦、立陶宛和英国三个司法管辖区的准则包括：提案的范围；提案的创新性；客户利益；在监管沙箱中进行测试的必要性；测试提案的准备，即是否制订了业务计划和适当的管理、业务和其他风险控制框架。在荷兰，申请人需证明：创新的产品、服务或商业模式有助于实现一个或多个金融监管目标；遇到了企业无法合理克服的政策或法律障碍，尽管确实符合这些政策或法律的基本目标；具有有助于保护企业的生存能力，保护客户和其他利益相关者的利益的企业流程。在波兰，监管沙箱的申请将根据参与该计划的具体标准进行审查，如：解决方案的范围；解决方案的创新性；参与监管沙箱的真正必要性；测试解决方案的准备情况。在确定提案是否真正具有创新性时，通常由主管当局根据申请人提供的资料作出主观评估，考虑以下因素：如企业是否制订业务计划；为测试目的识别客户或潜在客户；具有适当技能和专业知识的工作人员；取得适当的软件许可证；制定适当的治理和系统及控制程序；证明能够在接受沙箱之前的适当阶段展示它的提议，并且能够表明该提议已经足够成熟，适合在实际环境中使用。

准备阶段，丹麦、立陶宛、荷兰和英国主管当局与被认为有资格参与监管沙箱的企业合作，确定以下事项：待测试的提案是否涉及受监管的活动，如涉及，则该企业须申请适当的牌照；是否需要操作需求来支持测试；测试的参数（例如数量限制、客户数量限制、服务特定客户限制、披露限制、委任代理人或代表进行测试的限制等）；企业与主管当局在测试阶段的接触计划（例如电话、现场访问、信息交流）；在测试阶段向有关客户、主管当局和其他有关当局（如数据保护或客户保护当局）适当披露或与之沟通；评估测试成功的框架；退出计划；如果消费者因测试而遭受任何损害，应做出适当的恢复安排。对于希望以产品或服务的形式为受监管机构（如 DLT 或 RegTech 解决方案）测试的企业，将需要证明存在适当的安排，以确保存在伙伴关系。

测试阶段，企业能够在测试的商定参数范围内，在"实时"环境中测试其主张。如企业不符合设计的检测参数，主管当局可在测试阶段的任何时候终止测试。如果超过测试参数，则主管当局拥有完整的执行和监督权力。例如，管理局可能发出警告，要求立即采取补救行动；如果企业没有作出适当回应，监管局可以要求终止测试、罚款或吊销进行有关受监管活动的牌照。从主管部门报告的角度来看，测试阶段的价值在于可以有机会理解监管框架的应用对于创新的命题和机会为创新命题建立适当的安全措施。这可能涉及重新评估监管范围，或在现有框架内重新调整监管要求，以确保比例性和技术中立性。企业的价值可以通过更好地了解监管方案的应用以及对创新提议的监管期望来发现。丹麦和英国的测试期通常为 6 个月，波兰的测试期最长可延长至 12 个月，荷兰没有"典型的"测试期。

退出和评估阶段。在测试期结束时，在丹麦和英国，企业向主管当局提交一份最终报告，主管当局根据事先确定的框架和测试期间可能发现的因素对测试结果进行评估。在荷兰，主管当局根据企业提供的材料，酌情评估测试的成功率。如在测试过程中发现问题提前终止测试，涉及停止正在测试的产品或服务、在监管沙箱外继续或在沙箱内继续，企业将被要求采取相应的措施来保护消费者的利益，例如，安排消费者顺利退出、支付索赔等，如果出现了任何消费者损害，企业应采取适当的补救措施。如果为了参与沙箱的目的而在相关许可上附加了限制，则必须通过正常的流程，即通过向负责授权的团队提交申请的方式，删除这些限制。在波兰，监管沙箱的参与者如有意进行受监管活动，可在监管沙箱的测试时，申请授权进行监管活动，波兰金融监管局将在这方面为申请人提供支持。

透明度。英国在沙箱第一年结束时发布了一份经验报告，包含经过测试的提案、感知到的机会和局限性。在丹麦，每项测试的结果将以摘要形式在主管当局的网站上披露。在立陶宛、荷兰和波兰，当局正在审议与报告结果有关的问题。

（三）主管当局与其他当局之间的互动

主管当局之间的互动方面，在荷兰，监管沙箱是在 DNB 和 AMF 的联合基础上建立的；在英国，主管当局与其他当局（例如数据保护、客户保护和第三国司法管辖区的当局）就监管沙箱的运作订立了定制合作协议或谅解备忘录；一般的监管合作协议或谅解备忘录通常扩展到监管沙箱范围内的活动，并由报告监管沙箱的三个当局所依赖。

与第三国当局的互动方面，丹麦与第三国政府就金融科技达成合作协议，但并未提及沙箱。英国主管当局与 8 个第三国司法管辖区当局签订了"金融科技合作协议"，虽未直接提到监管沙箱，但包含了共享各自沙箱的方法以及从中吸取的教训等工作承诺。

三、总结和下一步举措

（一）创新助推器：感知机遇和风险

机遇。创新促进机构为当局提供了使其更好地了解金融服务的创新的机会，并使企业更好地了解在快速技术进步的背景下的监管和监督期望。特别是，通过对区块链、大数据、人工智能等新兴技术及其在金融领域的应用进行近乎实时的深入了解，创新助推器可以帮助主管部门跟上发展的步伐。

操作上的风险或挑战。总的来说，没有产生不同于传统监管及互动过程中所出现的问题，但可能会增加一些业务上的风险或挑战，包括人才的挑战、国内协调挑战、跨界合作的挑战和监管套利风险等。对于创新中心来说，企业可能错误地将主管部门的指导性建议当作最终结论，这可能导致法律风险。为了避免这种情况发生，需要明确说明主管当局在创新中心范围内提供的指导的性质。一些主管当局对向企业提供指导的程序表示关切，指出通过该中心进行的双边接触可被视为优先考虑那些在创新中心范围内受益于指导的企业。在这种背景下，为确保所有企业都能从新的监管预期和政策中获益，主管当局应在创新中心的范围内公开阐明其在与企业互动时采取的一般政策立场。对于监管沙箱来说，监管沙箱中测试的提议可能被消费者或市场认为得到主管当局的"赞同"，从而可能带来潜在的优惠融资渠道或优惠的市场定位，以及在沙箱参与过程中所提供的服务对消费者造成损害的法律风险。此外，对监管沙箱参与者的积极指导和密切监控，可能会导致沙箱内的企业和沙箱外的企业之间公平竞争的问题。

法律和其他问题。总的来说，主管当局没有确定在其管辖范围内建立创新中心的法律障碍。但是，有主管当局指出，对国家制度进行了更新，以便使主管当局能够以一种"有约束力"的方式提供指导。在管理沙箱的问题上，一些主管当局质疑，在没有促进创新或竞争的明确职责的情况下，它们的任务允许在多大程度上建立沙箱。一些主管当局指出，通过创新助推器可以实现的目标是有限的。反过来，可能需要采取进一步措施以帮助支持创新，同时平衡其他公共政策的利益（如消费者保护），这些措施甚至需要在欧盟层面进行立法改革，例如在授权过程中提高相称性和灵活性。

（二）加强创新助推器之间的跨境协调与合作

创新助推器目前在国家一级开展工作，这可能阻碍整个欧盟范围内扩展金融创新。例如，不同的主管部门对同一项创新采取不同的监管立场，导致在多个成员国推广创新面临挑战。这也可能带来监管套利方面的风险，破坏公平的竞争环境。另外，目前已经在监管沙箱中成功测试了创新的企业可能会面临在其他成员国应用这些创新的实际障碍。例如，企业可能必须进行广泛的对话，重新解释创新的概念和减轻任何风险的措施，甚至可能需要再次测试导致延迟推出的提议。

迄今为止，在解决上述问题和潜在障碍而进行的工作中，已经确定了两个下一步的工作领域：一是制定关于创新助推器之间合作和协调的欧洲监管当局自身倡议的联合指导。如果主管当局选择就双边或多边协调/合作安排达成协议，重要的是采取一种共同的方法来支持创新中心和监管沙箱之间的合作，以便就具体金融创新的出现交换信息。因此，ESAs 可以通过在这些领域制定指导方针来促进一种共同的做法，同时认识到有必要保持适当的灵活性，以便主管当局根据创新助推器的范围、职能和资源做出适当安排。二是建立欧盟网络，为成员国层面的创新助推器架起桥梁。欧盟创新助推器网络作为对上述指导方针的潜在补充，欧盟所有主管当局均可参与，可以为从业人员和专家提供一个平台，支持参与当局就提升到网络上的有关金融创新的监管和监督预期的企业特定问题达成共识的解决办法。从这个意义上说，它可以促进更大范围的协调和支持规模的扩大。该网络可以作为主管部门和 ESAs 之间的一个论坛，在分享创新助推器运作知识的同时，提高金融科技创新能力。这种合作的形式可以是，例如，对具体的创新采取共同的办法，在沙箱的环境下，由主管当局分享选定的创新的测试结果，并向参与者提供经验教训的反馈。

上述欧盟范围内的措施是否有意义，以及在实践中是否有一个有效的趋同工具，还需要进一步考虑。下一步，ESAs 将继续监测欧盟国家创新助推器的发展情况，并采取被认为是适当的进一步措施，促进欧盟对金融科技采取包容和共同的做法。ESAs 将与欧盟委员会在金融科技方面进一步合作，探讨加强各国创新助推器之间跨境协调与合作的可行选择，并酌情在 2019 年确定进一步措施。

10. 金融稳定理事会《金融服务领域的金融科技和市场结构：市场发展及对金融稳定的潜在影响》

报告讨论了金融科技引起的市场结构变化的驱动因素，包括技术、监管和需求因素。评估了当前的前景，例如金融科技信贷对贷款市场的影响，包括美国和中国的支付服务在内的大型科技公司的影响，以及包括全球市场的云计算和数据服务第三方服务提供商的影响。报告进一步对金融稳定以及金融稳定理事会（FSB）、巴塞尔银行监管委员会（BCBS）和国际证监会组织（IOSCO）未来可能采取的措施进行了展望。

一、背景和定义

金融科技可能通过改变金融服务的市场结构影响金融稳定。市场结构是指企业在市场中的相互关系，影响企业的行为和盈利能力，其特征包括市场参与者的数量和规模、进入和退出的障碍以及所有参与者都能获得信息和技术。在某些投机情况下，这些反过来可能会对金融系统的稳定性产生影响。金融创新可能通过以下三个主要渠道影响金融服务的市场结构。

一是金融科技信贷或支付等银行类服务提供商的出现，可能影响市场和银行行为。从长远来看，新参与者效率的提高可能会提高金融服务的效率。可能会对银行和其他现有金融机构的收入基础产生影响，使它们在某些情况下可能更具盈利能力，或更容易遭受损失，并减少作为内部资本来源的留存收益。可能会影响金融部门的韧性和风险承担。新供应商进入该行业的速度可能是决定现有企业调整程度的关键因素。

二是大型科技公司（BigTech）进入金融服务业。在一些国家或地区，拥有成熟网络和大数据积累的非传统机构进入金融服务领域，特别是在支付领域，以及信贷、保险和财富管理领域。这可能也是金融机构竞争加剧的原因。大型科技公司通过从服务中获得的数据用于各种业务，可以提供低成本甚至免费的服务，进而可能对现有市场产生一系列影响。

三是第三方服务商提供的关键服务。金融机构依赖第三方服务提供商提供数据、物理连接和云服务。随着时间的推移，传统金融机构和金融科技公司对第三方服务提供商的依赖可能会增加。具有系统重要性的机构或市场如未能在公司层面妥善管理与第三方外包相关的风险，就可能出现系统性运营和网络安全风险。

与此同时，在技术和消费者偏好变化的推动下，监管向"开放银行"的转变可能意味着某些服务领域的竞争加剧，同时也会带来新的风险。这些发展的综合效应可能影响深远。

报告考虑了由于技术创新导致的金融服务市场结构的变化，并探讨了这些变化对金融稳定的潜在影响。市场结构的关键要素是集中度（即行业由少数大公司主导的程度）、竞争性（即新进入者的威胁导致类似于更具竞争力市场的行为的程度）以及构成（即市场参与者的特征）。市场结构通常是根据其对竞争的影响来考虑的，但也可能与金融稳定有关。一些研究发现，金融机构之间的竞争与金融稳定之间存在非线性关系。无论是高度集中的市场，还是非常激烈的竞争，都可能与系统性风险有关，要么是集中风险，要么是放贷标准下降。

技术日益增加的作用可以在一些重要方面影响到上述因素，包括技术对进入壁垒的影响以及其促进产品分类的能力。在许多情况下，金融创新通过降低成本、增强规模经济、降低交易成本和信息不对称来降低进入壁垒。特别是云计算可以使企业快速扩展，并为较小的公司提供以前只留给资本预算较大公司的功能。因此，技术创新可以增加竞争，促进市场竞争。然而，市场参与者对技术的获取可能是不平衡的。尽管传统金融机构有更大的资本使用权，通常会分配更多的资金进行创新，但与较新的金融科技公司不同，它们也可能受到传统 IT 系统的限制。与此同时，大型科技公司往往同时拥有最新的技术和资金来应用最新的创新，这可能会给他们带来竞争优势。

技术正在促进许多传统上由银行和金融集团提供的服务的拆分。例如，金融科技信贷和股权众筹平台为企业和消费者提供了替代性融资来源；作为金融服务的分销商，电子聚合器越来越受欢迎；智能投顾对个人投资者也有好处。尽管技术几乎肯定会降低一些进入壁垒，但很难判断有多少实质性的降低。

由于数据的特殊性，其在新服务中创造附加价值方面正变得至关重要，数据的更多使用也可能对市场结构产生影响。数据的价值不会因为使用而减少，其边际效用甚至可能随着累积量的增加而增加。数据的这些特性可能会加速数据向某些数据公司的集中。

二、金融创新与市场结构的联系

在 FSB 金融创新网络以往的文章里，强调了金融科技创新的驱动因素，包括技术、监管和消费者偏好的演变，以及定制化服务。本报告关注一些可能在关键方面影响金融业市场结构的具体驱动因素。在供给方面，包括应用程序接口（APIs）、云计算，以及智能手机驱动的消费者行为的变化。由于大数据和更强大的计算能力，某些技术应用的效用显著增加。虽然现在预测还为时过早，但从长远来看，分布式账本技术（DLT）的应用可能会产生重大影响。此外，金融创新的采用速度有所加快，意味着市场结构的影响可能比过去更快地被感受到。金融监管的一些要素，如许可证要求和监管中的竞争方面，也可以作为相关的供给侧驱动因素。最后，客户需求也发生了一些变化。

（一）从供给因素　技术发展方面来看

一是应用程序接口（APIs）的使用。APIs 的使用允许不同的软件应用程序彼此通信并直接交换数据，而不需要人工输入。APIs 已有数十年的使用历史。例如，在美国，允许个人财务管理软件在银行网站上显示账单，并将开发人员连接到支付网络。它们已成为共享数据的事实标准，最近还成为在互联网上使用的选择机制，使拥有大量数据的组织能够成为第三方创新的平台。包括"开放 APIs"在内的较新的部署促进了服务的改进，尤其是支付方面的即时性。数据显示，可编程 Web，一个公共的 web APIs 目录，其记录从 2005 年的 1 个增加到 2017 年的 17000 多个。一些国家和地区已经或正在开发 APIs 应用框架。APIs 还可以支持更大程度的服务拆解。然而，如果没有很好地部署和安全管理，APIs 的使用可能会导致新的风险，部署不当的 APIs 可能导致市场结构更加脆弱。

二是手机银行和智能手机。凭借强大的功能，移动设备已成为许多国家和地区消费者日常生活的一个关键方面，扩大了服务的可用性。包括金融服务在内的一系列服务的便捷性提高了消费者的预期。智能手机已经成为第三方开发者开发新产品的平台。与 APIs 相结合，越来越多的智能手机在操作系统中内置了支付功能。例如，中国的单一平台整合了网上购物、手机钱包功能、朋友间转账等活动。在其他国家和地区，移动支付市场更加分散。

三是云计算。云计算是指使用远程服务器网络来提供 IT 服务，具有规模经济、弹性、操作效率和成本效益等优势。当前，金融机构主要使用云进行客户关系管理、人力资源、财务会计等业务。然而，普华永道预计，到 2020 年，各机构还将在云端运行消费者支付、信用评分、资产管理经理基本经常账户功能的报表和账单等服务。Gartner 预计，全球金融机构在公共云服务上的支出总额将从 2017 年的 370 亿美元增至 2020 年的 550 亿美元。依赖云服务的外包安排通常受到监管标准和框架的约束。此外，云计算服务对于实体充分使用 APIs 是不可或缺的，包括用于构建、部署和监控 API，以根据关键业务指标对其进行评估。金融服务当局和自律机构，在某些情况下也在使用云计算和相关服务。

（二）从供给因素 监管方面来看

自国际金融危机以来，二十国集团（G20）监管改革使全球金融体系在实质上更具韧性。除二十国集团改革外，其他一些政策干预可能会影响金融科技公司、大型科技公司和现有企业的发展。

一是牌照及监管规则。牌照和审慎监管框架的变化可能会影响金融科技新业务模式的出现。BCBS 报告指出，当前，大多数监管和牌照框架都早于金融科技的出现，建议监管部门酌情监测新业务模型和金融服务交付系统的影响，以确定其如何影响监管部门对金融交易的监督能力。BCBS的调查显示，当局对监管要求适用于金融科技公司提供的银行服务感到满意，接受调查的监管机构中，近一半在考虑与新兴金融科技服务相关的新法规或指导。

二是金融监管中的竞争问题。金融危机后，在竞争和金融服务领域的作用方面出现了新的模式。例如，2015年，英国金融行为监管局获得了同时执行竞争政策的权力。其他国家和地区的监管人员也被授予与竞争有关的权力，或引进与竞争当局合作的新方法。在许多情况下，确保可竞争性和公平竞争是一个明确的政策目标，一些监管机构建议评估兼并控制等反垄断工具的应用，以确保金融稳定。旨在促进竞争的一个突出的监管范例是围绕开放银行业的政策。在欧盟，这是通过2015年修订支付服务指令（PSD2）决定的。PSD2旨在使互联网支付服务的使用更加方便和安全，更好地保护客户免受欺诈、滥用和支付等问题，并促进创新的移动和支付服务。PSD2要求对非银行许可的支付启动服务（PIS）和账户信息服务（AIS）提供商开放对某些类型客户银行数据的访问。如果客户明确选择，则后者可以获取与个人网上银行账户有关的信息，并且银行无权拒绝其访问权限。在PSD2下，客户能够为一个账户开一个应用程序，并查看其所有账户，甚至包括其他银行的账户；获得许可的第三方在无须提供登录信息的情况下查阅其与付款有关的银行资料；并决定他们要与哪家供应商共享哪些信息，以及共享多长时间。类似的，2015年生效的欧盟交换费用条例（IFR）旨在通过减少基于银行卡的支付的交换费流量，提高该市场领域的透明度，从而增强竞争。在其他国家和地区，类似的进展包括日本2017年修订的《银行法》，其中包括鼓励银行开放其APIs的条款，以及银行收购金融科技公司或与其合作以促进创新和提高效率。加拿大竞争管理局在2017年也完成了对支付部门的类似审查以及对贷款和股权众筹、投资交易和咨询的审查。最近通过的墨西哥金融科技法还包括对金融实体（包括金融科技公司）的要求，以及通过APIs向第三方开放数据并允许他们为此收取费用的新模型，如监管沙箱；为了防止这些费用过高或不一致，金融监管部门将批准，也可以否决拟议的费用。在澳大利亚，政府宣布将按部门应用"消费者数据权利"（赋予客户指示与他人共享其数据的权利），开放银行将是第一个应用。

三是其他监管领域。除这些领域外，监管云服务提供商的方法可能是相关的。在某些情况下，这些方法考虑了风险集中和云服务。此外，数据保护制度可能会对市场的竞争程度、可竞争性（即新参与者进入市场的能力），以及企业在国际上扩张的潜力产生影响。具体来说，不同制度的跨境应用可能会阻碍全球业务运营。正如一位评论员指出的那样，"随着对隐私和跨境数据流的要求越来越高，国际可操作性面临越来越大的挑战，碎片化和市场壁垒正在出现"。此外，由于公司无法接受第三国监管机构的有效监管，因此可能存在位于具有限制性数据保护制度的国家和地区的公司不得在第三国经营的风险。数据保护制度引发的另一个金融稳定性问题是，第三国当局可能会阻碍其监管外国公司在其管辖范围内（直接或与外国监管机构合作）开展业务的能力。如果数据保护框架提供了一种机制，确保第三国当局能够访问进行其监督和执行活动所需的个人数据，这将得到缓解。

（三）需求因素　客户期望的改变

在零售环境中，商业的数字化意味着客户期望获得更便捷的服务体验。随着如语音激活设备等不同的传输系统的发展，这些期望可能持续上升。互联网连接设备的实时处理能力在金融服务的便利性、速度、成本和用户友好性等方面提高了客户的期望。随着在线业务创新加深人们对新技术的接受程度，消费者对在线金融交易的满意度也有所提高。

人口因素推动了需求，例如被称为"数字土著"和"千禧一代"的群体不断增长，这些年轻的群体可能更倾向于采用金融科技。特别是，这些消费者可能对贷款市场进入者的服务有更大的信任。一些消费者更普遍认为，相比传统银行，金融科技信贷，尤其是与贷款人和借款人直接匹配的P2P贷款，可能更具社会责任感和更大的社会价值。

最后，还有经济发展和趋同因素，如一些新兴市场和发展中经济体迅速采用数字技术。在一些大型经济体，特别是在亚洲，财富供应的增长、收益率较低的现状以及对高收益的需求，为金融科技平台奠定了更大的投资者基础。这也可能推动机构投资者的更高需求。投资者将金融科技贷款视为可增加其投资组合多样化的另类资产。在线和移动工具进行投资的便利性可能也是一个重要的驱动因素。

三、当前图景

报告评估了这些驱动因素对金融服务提供的影响。选择了能够说明更明显趋势的特定领域，以及来自成员和公共来源的数据。具体来说，报告评估了迄今为止金融科技公司的影响，包括金融科技信贷对贷款市场的影响等；大型科技公司的影响，包括美国和中国的支付服务；以及第三方服务提供商，包括全球市场的云计算和数据服务。

（一）迄今为止金融科技公司的影响

在特定市场，特别是在中国，大量零售客户正在使用各种金融科技服务。迄今为止，金融科技公司例如 P2P 贷款、众筹和跨境支付平台等已经发现了相关细分市场，以及小企业或缺乏信贷历史的金融服务获得不足的人群。在其他情况下，他们与市场中现有机构或大型科技公司合作。合作使金融科技初创企业能够接触到客户，同时，根据管辖区和业务模式，可能减轻其监管合规负担。反过来，现有企业可以获得创新技术和产品，并通过成为第一批向客户提供新产品和服务的企业来获得优势。

金融科技可能带来更大竞争压力的一个领域是贷款，尤其是对服务不足的群体的贷款。在世界各国和地区，已经出现许多新的贷款平台，包括 P2P 和市场贷款机构等。这些平台通常具有在线的客户交互渠道、新的数据源和分析数据的方法（如机器学习）以及新的业务模型。理论上，这会对现有金融机构带来竞争压力，迫使它们简化自己的贷款承销流程，并采用更好更快的数据分析系统。到目前为止，对大多数成熟的细分市场贷款机构的竞争压力似乎有限。有数据表明，尽管增长迅速，但金融科技信贷在中国、韩国和英国等大多数国家的总体信贷中所占比例仍然很小。P2P贷款平台的信贷质量也备受关注。

另外，现有企业与金融科技公司之间的合作已在许多市场中得到体现。通常，现有企业将一些贷款业务外包给金融科技公司，而金融科技公司则可以获得现有客户群和声誉。贷款平台也进入了没有现有客户竞争的细分市场，例如，没有银行账户的客户以及小企业、次级客户和信用历史不足或工作保障较低的客户等金融服务不足的细分市场。这种合作关系在支付领域也很常见。

（二）大型科技公司的影响

在一些国家和地区，大型、成熟的技术公司已经进入金融服务市场。这些公司可以提供金融服务，作为他们通常提供的产品或服务的一部分。大型科技公司可以与现有公司合作，并作为其支付、贷款和保险产品的分销商，或通过访问大量的客户数据进行风险评估，从而有助于提供信贷。当前，许多大型科技公司正在提供金融服务，中国的阿里巴巴、百度和腾讯等在这方面尤其活跃，这些公司大多与现有金融机构或新的金融科技公司合作，通过其平台提供信贷、保险和财富管理服务。在美国，亚马逊在2011年推出面向市场销售商品的商家贷款，截至2017年12月末，亚马逊有26亿美元与卖方贷款计划相关的卖方应收款。近期，亚马逊开始与美国银行就小企业贷款建立合作关系。在澳大利亚、日本和英国，贝宝（Paypal）小微企业借贷也在增加对企业的贷款。在东非、埃及和印度，沃达丰（Vodafone）M‐pesa有3200万名活跃支付用户，在肯尼亚通过M‐shwari提供信贷和存款产品。在拉丁美洲，截至2017年底，电子商务平台Mercado Libre已在各个市场借出1.27亿美元，并正在试运行资产管理和保险产品。

传统商业银行的商业模式在很大程度上依赖于建立大量稳定的客户关系，允许它从流动性过剩的客户那里筹集存款，并向有融资需求的企业和消费者发放贷款，银行从中赚取净息差和费用，以及如支付、储蓄、保险、财富管理等其他金融服务和产品的交叉销售费用和收入等。

通过访问客户数据，大型科技公司能够在贷款和短期信贷领域获得市场份额，这通常是银行活动中较高收益的部分。例如，当前移动支付已经有了一些进展，但主要覆盖在现有的支付基础设施上。通过向机构收取使用技术的费用，或改变客户关系，从而对现有的金融机构产生影响。中国的大型科技公司和M‐PESA，有独立的支付基础设施。

同样，在保险业，技术正在改变产品的分布以及与客户的互动。大型科技公司能够以方便快捷的方式提供全天候的服务，而不需要保险经纪人。通过类似游戏的界面、物联网、基于使用的保险、机器人顾问等便利设施，进一步改善客户体验。

虽然提供金融服务的大型科技公司可被视为金融科技的一部分，但它们与其他金融科技公司在某些关键方面有所不同。首先，大型科技公司通常已经建立了网络和庞大的客户群，通常资本充足，不像金融科技公司那样面临获得外部资金的限制。其次，技术公司可能能够使用其非金融服务运营中的专有客户数据，从而具有提供金融服务方面的竞争优势。最后，大型科技公司可能已经准备好使用云计算、人工智能和机器学习等最前沿的技术来处理大数据，相较于金融服务公司，这是他们的竞争优势。

（三）第三方服务提供商（如云计算和金融市场数据）

几十年来，金融机构一直依赖有限数量的技术公司提供的本地计算服务解决方案。当前，金融机构对云计算服务商存储核心金融数据的依赖程度可能较低。例如，欧盟网络和信息安全局（ENISA）指出，尽管88%的欧洲金融机构至少使用了一项云应用程序，但只有1%运行"核心"应用程序。亚太地区也发现了类似的趋势。同样，全球保险公司主要将云服务用于业务支持方面，但越来越多的保险公司使用云基础设施为核心业务提供支持。

受监管金融机构对外包云计算的采用速度受到许多因素的限制，包括对技术本身缺乏了解等。尽管有传闻表明这一情况正在发生变化，但缺乏证明此趋势的相关数据。

尽管四大领先云服务提供商在全球云计算市场的总体占有率接近60%，并提供各种不同的云服务，但金融机构通常会根据业务需求和可扩展性考虑，在一众供应商中选用云服务组合，据估计，其支出占全球公共云服务支出的15%。

为金融机构提供金融市场数据和分析的市场规模估计每年有270亿美元，两个机构控制着超过一半的市场。在过去8年里，该行业的市场份额维持大体不变，且与金融稳定风险无关。监管改革以及将关键数据功能外包的举措，扩大了市场的总体规模。

（四）机构如何使用云计算

如今，金融科技创新的日益普及使得计算资源的交付方式和公司如何使用技术的方式变得多样化。云计算不是一种新技术，而是一种提供计算资源的新方式，即从数据存储和处理到电子邮件处理等软件。尽管如此，它仍有潜力显著提高金融机构的安全性和适应力。

企业可以选择构建私有云，通过应用"容器化"架构在云端移动。或选择多个云服务提供商来获得各种基于云的服务。还可以实施混合方法，其中一部分计算服务来自具有私有现场云架构的内部数据中心，针对关键计算需求进行扩展，以最大限度降低风险，同时在多个云供应商之间以实用模式运行。混合方法不仅有助于避免受制于供应商，为金融机构提供更实惠的云服务，与传统做法相比，还可以为金融公司提供更高安全性和运营弹性的功能和服务。此外，云服务可能使规模较小的金融机构能够访问比它们自身更复杂的架构和安全功能。类似的好处可能延伸到初创企业，以及新兴市场和发展中经济体的金融机构。

四、结论

本报告研究了与现有金融服务提供商竞争或合作的新型银行类服务提供商、大型技术公司提供金融服务，以及依赖第三方提供商提供云服务三种不同的金融科技相关发展，这些发展正在改变或可能改变当前金融体系的结构，从而对金融稳定产生影响。对于每一种发展，报告都考虑到了迄今为止市场结构的变化以及未来可能出现的情景。

（一）研究结果总结

为考虑金融稳定性的影响，上述新型银行类服务提供商和大型技术公司是密切相关的。显然，许多金融科技公司提供的产品可能对传统金融机构的商业模式带来挑战。这可能以多种不同的方式发挥作用，进而对金融稳定产生影响：一是可以与金融机构合作或被其接管，提高金融机构的服务水平和效率。二是可以提供与现有金融机构的服务互补的服务，提高现有服务的吸引力。例如"前端"支付利用现有网络维持或增加现有交易；或通过开放银行服务，提高透明度或简化供应商的转换来促进金融机构之间更激烈的竞争。虽然这些服务可以补充金融机构提供的服务，但它们可能会取代或削弱金融机构的传统客户关系，从而对金融机构产生不利影响。三是与现有金融机构直接竞争，降低受影响部门的利润，降低金融机构交叉补贴产品的能力。

大型科技公司的进入可以通过本身现有的广泛客户群、值得信赖的客户关系、强大的资本头寸和容易获得外部资金以及潜在的不同业务重点（如利用数据而不是直接依赖费用）来加速或扩大这些影响。因此，尽管人们普遍认为金融科技规模相对较小，对金融稳定的影响较小，但随着大型科技公司的深入参与，这种影响可能会迅速改变。全球银行业的快速开放也可能改变金融服务业的竞争格局。

尽管可能涉及一些相同的技术公司，但从低程度开始，对第三方云计算提供商的依赖程度有所不同。这种发展为银行带来了商业利益，而非市场竞争。尽管可能受到银行自身风险管理或监管的限制，但银行似乎面临着强大商业压力使其来越来越多地参与这些服务。

上述发展带来的益处与金融科技的发展密切相关——提供更高效、更方便、成本更低的金融服务。这些益处不仅来自创新本身，还来自他们带来的激烈竞争。特别是，金融科技公司可能在狭窄的产品领域更有效地竞争，打破银行实行的一些捆绑和交叉补贴。客户与金融服务提供商互动方式的变化也可能会降低现有客户关系的黏性，从而再次提高竞争，尽管这可能被其他关系中的黏性取代。金融服务的分散化和多样化程度可能更高，数据获取的改善可能会带来更好的信贷评估。在一定程度上，这些发展可能意味着通过平等、更广泛地获得金融服务、更有效的定价和更好的信贷分配来增强金融稳定。这些发展带来的潜在宏观金融风险与竞争和商业模式破坏对盈利能力的影响有关，因此也与通过留存收益积累资本的能力有关。这在很大程度上是由于金融科技公司积极与现有公司竞争，或者它们的行为增加了客户的流动性。这最终可能导致银行不当地放松贷款标准，并导致其他金融机构承担更多风险。

虽然网络风险事件可能带来微观金融风险，但云计算等技术可能会增强运营和网络弹性，并减轻这些风险。此外，大型科技公司可能会提供各种免费服务，因为他们有能力将数据用于其他业务。客户通过提供个人数据来换取这些服务，而非支付费用。此外，如果活动不受管制，其金融风险的治理将不如受监管的机构。新的参与者和新关系将增加法律风险。

（二）启示

当前，报告讨论的三类发展在大多数国家并未构成风险，但监管者仍需保持警惕。这可能包括监控竞争加剧对盈利能力和贷款标准的影响，以及日益增加的网络风险。这些都不是新的；银行过去有许多来源的竞争压力，长期面临经营风险。然而，本报告所讨论的事态发展表明，这些问题可能会变得更加尖锐，原因包括：一是过去几年引进的大量新技术以及开放银行业的推动可能迅速改变竞争格局。二是随着大型科技公司积极并成功地进军传统金融服务领域，商业模式的变化可能会比过去更快。三是新进入者和现有企业的技术重点，特别是与企业运营紧密结合的技术重点，可能带来新的运营风险。

更广泛地说，正如金融稳定理事会早些时候的报告中所讨论的那样，新的大型企业有可能从传统的金融部门之外提供外部服务。监管当局可能希望定期评估稳定性风险，了解所执行职能的可比性，涉及风险的程度和类型以及这些活动的规模。大型科技公司进入金融服务领域的动机和障碍尚未得到很好的理解。在不同的国家和地区，大型科技公司在金融领域的活动规模差异很大。了解这些公司的动机是评估这一趋势未来能否改变的关键。

传统的第三方服务提供商可能在未来面临挑战。当前，不依赖云计算服务提供商进行核心业务运营的金融机构仍然采用传统的计算服务，但未来可能会发生变化。法律、法规和监管机构的政策和指导旨在确保金融机构正确管理与外包相关的风险，包括确保对外包服务提供商的控制与对银行自身运营的控制保持一致。一些国家和地区正在考虑如何确保所需的较高的弹性。BCBS 指出，尽管大多数监管机构通过直接或合同安排与第三方供应商建立了一定的联系，但大多数监管机构表示，他们只在有限的情况下对第三方供应商进行监管，而且没有正式的机构来定期这么做。第三方依赖问题正受到包括 BCBS 和 IOSCO 等在内的特别关注。

未来，FSB 金融创新网络（FIN）将与其他团队合作，进一步探索云服务中的第三方依赖关系和单点故障风险。具体来说，金融创新网络正寻求更好地了解金融机构的云服务市场，包括它们如何管理锁定风险和跨境问题。此外，它还监控大型科技公司在金融领域的活动，包括跨境活动，继续向脆弱性评估委员会（SCAV）报告其调查结果。

11. 国际货币基金组织《金融科技：迄今为止的经验》

2019年6月，国际货币基金组织发布《金融科技：迄今为止的经验》调查报告，回应其与世界银行于2018年10月联合发布的《巴厘金融科技议程》。报告基于96份不同国家和地区的调查问卷，深入分析《巴厘金融科技议程》提出的12个重点议题以及金融科技关键领域发展情况，具有较强的参考借鉴意义。

一、全球各区域金融科技发展现状

亚洲金融科技发展取得全面进步。金融科技应用由支付扩展到信贷、保险和投资等领域。亚洲科技巨头成为金融服务的重要提供方，给传统金融机构带来巨大竞争压力。监管部门通过设立监管沙箱、发展监管科技、颁布数字借贷和股权众筹相关规定等举措，平衡金融科技的发展和风险。

欧洲金融科技市场正不断增长，但发展不均衡，非欧盟国家在金融科技应用方面落后于欧盟国家。法国、卢森堡、瑞士和英国等欧洲国家积极鼓励金融科技创新。欧盟发布的《通用数据保护条例》（GDPR）和《欧盟支付服务指令（第二版)》（PSD2）2项核心监管原则效果有待进一步验证。

拉丁美洲及加勒比海地区金融科技起步晚，正处于加速启动阶段。虽然移动设备和互联网渗透率较高，但该地区移动支付使用率依然较低。在替代性融资方面，美国占西半球市场的97%。拉丁美洲及加勒比海地区大部分替代性融资是通过贷款活动而非众筹完成的。

撒哈拉以南地区移动支付快速发展，给金融服务提供方式带来根本性变化，有效促进了普惠金融。但金融科技相关立法有待进一步调整完善，并需妥善应对数字金融带来的同质竞争、反洗钱和反恐怖融资、金融消费者保护以及数据隐私等挑战。

中东、北非、阿富汗及巴基斯坦地区和高加索及中亚地区金融科技应用起步较晚，行业发展速度快、集中度高。创新主要集中在支付和借贷领域。该地区有关金融科技政策主要关注数字基础设施、审慎监管移动钱包和加密货币、消费者保护、网络安全、跨部门和跨境监管合作以及反洗钱和反恐怖融资等领域。

二、对《巴厘金融科技议程》12 项议题的回应

关于拥抱金融科技的潜力，接纳当前金融科技的迅速发展及其深远社会经济影响，三分之二受访国家和地区意识到金融科技的潜在价值，并开始在国家层面实施相关战略，力求帮助金融科技行业提升融资、创新和应用能力，同时也关注金融消费者保护与教育。

关于建设开放、可负担的数字与金融基础设施及有利金融科技发展的政策环境，多数受访国家和地区希望实现核心数字化基础设施服务全方位覆盖。但中低收入国家在应用创新支付技术及开放政府数据资源方面远落后于其他国家。

关于促进公平竞争和市场开放，几乎所有受访国家和地区都期待金融科技在支付和清结算领域促进金融市场竞争，大多数地区已经或将在两年内实施公平、透明和基于风险的金融科技关键基础设施接入标准，涉及支付、征信、抵押登记、证券市场清算以及了解你的客户（KYC）等方面。

关于鼓励采纳金融科技以促进普惠金融和发展金融市场，超过60%的受访国家和地区已将金融科技纳入国家普惠金融战略。分别有84%、73%的受访国家和地区对金融科技在服务家庭个人、服务中小微企业方面的期望较高。

关于密切监测金融体系发展，65%的受访国家和地区都采取了一定形式的金融科技监管，但受限于监管范围，现有信息不足以全面掌握金融科技发展带来的风险。

关于调整监管以适应金融科技发展，在所有受访国家和地区中，87%正以各种方式提升金融科技监管能力，76%对其监管规则进行了调整，45%正积极推动监管科技，50%为金融科技公司的注册和准入设置了监管

框架。

关于保障金融稳定，63%的受访国家和地区注意到金融科技相关洗钱和恐怖融资活动在增加，并调整反洗钱和反恐怖融资规定，但只有43%真正落实了金融科技风险监测机制。

关于更新法律框架为金融科技提供有利法律环境，近三分之二的受访国家和地区认识到现存法律体系无法完全处理金融科技引发的问题，并认识到修正法律框架以应对金融科技创新的迫切性。但目前只有少数国家完成调整。

关于确保国内货币金融体系稳定、不受金融科技冲击，约20%的受访国家和地区正积极探索央行数字货币（CBDC）的可能性，但相关工作尚处于早期阶段。

关于增强金融和数据基础设施运营稳健性，约三分之一的受访国家和地区正积极探索分布式账本技术在金融市场基础设施领域的应用。多数国家和地区已清楚认识到建立现代化数据治理框架的重要性。

关于加强国际合作，从标准层面看，分别有68%、34%和29%的受访国家和地区认为需要在加密资产、移动支付和P2P网贷领域制定全球统一标准。亟待加强国际合作的关键领域包括网络安全（占84%）、反洗钱和反恐怖融资（占68%）、法律监管框架（占63%）、支付与证券结算系统（占41%）、跨国支付和监管框架（占40%）。

关于加强国际货币金融体系的集体监督，约半数受访国家和地区认为金融科技将主要在国际支付和国际汇款方面对国际货币体系带来重要影响。约半数受访国家和地区认为全球金融安全网络具有重要意义。

三、金融科技关键领域发展情况

监管沙箱。监管沙箱对政策制定能够提供一定参考，但不能成为平衡金融科技创新与监管的综合解决方案。理由包括：一是监管沙箱设立受制于监管能力和体制，会占用监管稀缺资源，其运行结果和真正影响有待探究。二是不同国家和地区监管部门建立各自独立的监管沙箱，会对监管协同、信息共享和政策可持续性带来挑战。三是监管沙箱是监管与市场的交流平台，但这种紧密交互关系可能会造成监管俘获（regulatory capture）。四是由于沙箱通常提供豁免以降低初始合规成本和市场壁垒，需采取措施确保测试失败不会危害监管目标。

加密资产。大多数国家和地区认为，加密资产会给投资者带来风险，但尚未对金融稳定造成威胁。越来越多的国家和地区按照加密资产特点进行分类监管。许多证券监管部门已发布公开指南，明确应作为证券进行监管的加密资产类型。一些监管部门为加密资产建立了特殊监管框架，但多数监管部门主要采取个案处理的方式。大多数地区都意识到加密资产与犯罪可能存在的关联，并通过监管加密资产服务商等方式应对反洗钱和反恐怖融资风险。

支付与结算系统。大额支付与证券结算系统方面，分布式账本技术应用具有一定可行性，并向着实时结算、扁平化结构、持续运转与全球覆盖的方向发展。零售支付方面，应用程序接口（API）、二维码等金融科技创新带来了支付系统的整体变革，但在客户资金保护、反洗钱和反恐怖融资方面需要制定相应监管规则。

数据治理框架。数据使用可增加金融体系的包容性，也可能带来金融排斥。为促进金融科技健康发展，需建立公众信赖的数据治理及安全标准，防止数据遗失、损坏和未经授权的访问及滥用等。目前，许多国家和地区已经或准备修订其数据治理框架，以有效解决个人隐私和消费者保护问题。

法律事项。一致、全面、可预期的法律框架是金融科技创新发展的关键。现行法律在应对金融科技发展方面仍存在不足，包括技术变革带来的新概念的法律地位、科技变革相关活动的司法基础、风险损失的责任分配等。

监管制度安排。金融科技监管职责分配往往遵循金融业的现有监管框架。目前，成立新的金融科技监管部门比较少见，监管责任大多分配给了现有机构。一些监管部门同时负责支持金融科技创新，其负责监管与促进发展的双重身份引发的角色冲突可通过确定目标的法律优先顺序等方式处理。

央行数字货币。发行央行数字货币的原因各不相同，是否全面使用取决于具体国情。在部分发达国家，由于现金使用率持续走低及潜在的流动性陷阱，央行数字货币被视作支付替代手段，还可促进支付市场竞争性，降低垄断风险。在发展中国家，关注点侧重于提高金融运行效率、促进数字普惠金融发展、增强市场诚信和提高监管质量。

四、简要总结

综上所述，当前金融科技在不同国家和地区间发展很不平衡，亚洲和欧洲金融科技处于相对领先地位。多数受访国家和地区已意识到金融科技在促进经济增长和普惠金融等方面的益处，并通过建设基础设施、调整监管规则、发展监管沙箱、推动监管科技等方式促进金融科技创新与风险的平衡。加强金融消费者保护和数据治理是各国金融科技监管的重要方向。网络安全、跨境支付、反洗钱和反恐怖融资等领域国际监管合作以及加密资产、移动支付、P2P 网贷等方面国际标准制定是下一步金融科技国际治理的重点领域。

后　记

当前，全球正迎来新一轮科技革命和产业变革，数字化浪潮蓬勃兴起，金融科技作为数字化时代金融与科技深度融合的产物，日益成为各国各地区金融竞争和金融资源布局的焦点领域。2019 年 8 月，中国人民银行印发《金融科技（FinTech）发展规划（2019—2021 年）》，明确了未来几年我国金融科技发展的指导思想、基本原则、发展目标、重点任务和保障措施，在中国乃至全球的金融科技发展领域都有重要意义。在此背景下，中国互联网金融协会金融科技发展与研究专委会联合新华社瞭望智库，立足全球视野和金融科技的金融本质，聚焦人工智能、区块链、云计算、大数据等网络信息技术，以金融科技的驱动技术、应用场景、风险与监管等为切入点，力求系统、全面、客观地梳理总结我国金融科技的发展脉络与最新情况，并对标国际监管趋势与国内典型案例，分析各关键驱动技术应用和发展中存在的问题，评估潜在价值与风险，提出具有操作性的政策建议，从而为社会各界提供充分、可信、专业的参考材料。

本书编写得到了李东荣会长等中国互联网金融协会领导、新华社瞭望智库相关领导以及金融管理部门的悉心指导，也得到了广大金融机构、金融科技公司等会员机构在案例、写作等方面的大力支持。在此，对于有关各方的支持帮助一并表示感谢。同时，还要特别感谢中国金融出版社黄海清责任编辑专业和出色的编校工作。由于时间所限，书中难免出现疏漏和不足之处，欢迎各位读者批评指正。未来，我们将以此为基础，继续深入推进金融科技相关研究工作，为促进我国金融科技规范健康发展、推动我国金融高质量发展献策献力。

课题组

2020 年 6 月